Programación de aplicaciones *Android.* IFCM018PO

Guillermo Hernández Manzano

ic editorial

Programación de aplicaciones Android. IFCM018PO
© Guillermo Hernández Manzano

1ª Edición

© IC Editorial, 2025

Editado por: IC Editorial
c/ Cueva de Viera, 2, Local 3
Centro Negocios CADI
29200 Antequera (Málaga)
Teléfono: 952 70 60 04
Fax: 952 84 55 03
Correo electrónico: iceditorial@iceditorial.com
Internet: www.iceditorial.com

ISBN: 978-84-1184-686-8
Depósito Legal: MA 493-2025

Impresión: PODiPrint
Impreso en Andalucía – España

Nota de la editorial: IC Editorial pertenece a Innovación y Cualificación S. L.

Especialidad formativa

Se entiende por especialidad formativa la agrupación de contenidos, competencias profesionales y especificaciones técnicas que responde a un conjunto de actividades de trabajo enmarcadas en una fase del proceso de producción y con funciones afines.

Las especialidades formativas de Uso General, Formación Complementaria, Formación Modular y las especialidades formativas dirigidas a la obtención de certificados de profesionalidad se incluyen en el Fichero de Especialidades del Servicio Público de Empleo Estatal para su gestión en todo el territorio nacional por cualquier Administración competente.

Las especialidades complementarias, pertenecen todas a la Familia profesional de Formación Complementaria (FCO) y tienen la consideración de formación transversal en áreas que se consideran prioritarias tanto en el marco de la Estrategia Europea para el Empleo y del Sistema Nacional de Empleo como en las directrices establecidas por la Unión Europea. Se consideran áreas prioritarias las relativas a tecnologías de la información y la comunicación, la prevención de riesgos laborales, la sensibilización en medio ambiente, la promoción de la igualdad, la orientación profesional y aquellas otras que se establezcan por la Administración competente.

Las especialidades de Certificado de profesionalidad tienen una duración especificada en su normativa reguladora.

En el resultado de la búsqueda, se muestran las unidades de competencia, todos los módulos formativos con su duración y las unidades formativas del certificado correspondiente, con su duración. Las horas del certificado, exclusivo de las especialidades de certificado de profesionalidad, con alta igual o superior a 2008, son las horas totales más las horas del módulo de Prácticas Profesionales no Laborales.

- ⊃ **Si la especialidad tiene unidades formativas,** las horas totales, presencial, distancia, teleformación serán igual a la suma de esas horas de las unidades formativas de los distintos módulos, sin que se repita ninguna Unidad formativa.

◯ **Si la especialidad no tiene unidades formativas,** las horas totales, presencial, distancia, teleformación serán igual a las sumas de esas horas de
los módulos formativos, eliminando las horas de los módulos repetidos.

https://sede.sepe.gob.es/especialidadesformativas/RXBuscadorEFRED/
BusquedaEspecialidades.do

(Fuente: Servicio Público de Empleo Estatal)

Índice

Unidad de aprendizaje 1
Introducción. Historia, su arquitectura y sus características principales

1. Introducción	13
2. Introducción al *Android*	13
3. Historia	14
4. Arquitectura del sistema	26
5. Características principales	28
6. Resumen	32
Ejercicios de autoevaluación	35

Unidad de aprendizaje 2
Entorno de trabajo. Ciclo de vida de las aplicaciones. Componentes de la aplicación

1. Introducción	39
2. Entorno de trabajo	39
3. El ciclo de vida de una aplicación *Android*	52
4. Componentes de una aplicación	55
5. Resumen	79
Ejercicios de autoevaluación	81

Unidad de aprendizaje 3
Actividades: servicios, intenciones, proveedores de contenido

1. Introducción	85
2. Actividades	85
3. Los *intents*	96
4. Proveedores de contenidos	110
5. Resumen	114
Ejercicios de autoevaluación	117

Unidad de aprendizaje 4
Controles comunes

1. Introducción   123
2. Añadir un *Textview. EditText.* Botones y listas   123
3. *Widgets* básicos de *Android*   130
4. Contenedores de *Android:* tipos de *layout*   143
5. Ciclo de vida de una *Activity.* Controles de selección
   en *Android:* los adaptadores   151
6. Utilización de menús   161
7. Tipos de eventos: eventos de página, de botones, de teclado.
   Escuchar eventos de clic   164
8. Uso de los sensores del dispositivo, el acelerómetro,
   el *Bluetooth,* el sistema *Multitouch* de la pantalla   167
9. Localización GPS con *Android:* geolocalización.
   Usando preferencias en *Android*   170
10. Bases de datos y ficheros XML   172
11. Funcionalidades   183
12. Parchear ficheros   184
13. Resumen   185
    Ejercicios de autoevaluación   189

Unidad de aprendizaje 5
Servicios

1. Introducción   193
2. Mapas en *Android*   193
3. Interfaz gráfica   199
4. Resumen   202
   Ejercicios de autoevaluación   205

Unidad de aprendizaje 6
Crear una aplicación

1. Introducción   211
2. Archivo de manifiesto   211
3. Configurar el *plugin* ADT y el SDK *Android.* Crear una AVD   220
4. Interfaz de usuario en *Android*   228
5. Integrar un menú básico. Editar. Crear formularios   235
6. Estados de una aplicación. Uso del *ArrayAdapter*   238
7. Uso del *CursorAdapter*   244
8. Editor de bases de datos SQLite   246
9. Crear un servicio. Arrancar y parar el servicio.
   Conectar y desconectar el servicio   248
10. Aprender a instalar el IDE *Eclipse*   251

11. API de *Google Maps*   252
12. Preparación de la aplicación: nombrar. Restos de trazas
     de código y *Debug*   266
13. Firma   269
14. Publicación   272
15. Actualizaciones   275
16. Resumen   276
     Ejercicios de autoevaluación   279

Glosario   281

Bibliografía   285

OBJETIVOS GENERALES

Los objetivos generales del **IFCM018PO. Programación de aplicaciones con *Android*, son:**

- Programar aplicaciones de dispositivos móviles *Android*.
- Descubrir la evolución de *Android* desde sus inicios, la arquitectura del sistema, así como las características principales.
- Crear proyectos con *Android Studio*.
- Configurar e instalar simuladores.
- Conocer los diferentes tipos de *Activities* que ofrece *Visual Studio*.
- Descubrir los servicios que se pueden invocar en una aplicación *Android*.
- Utilizar componentes básicos en las actividades, *Widgets* más comunes y bases de datos en *Android*.
- Utilizar el servicio de *Google Maps* en aplicaciones *Android*.
- Saber cómo crear interfaces.
- Configurar el archivo *Manifiest*.
- Firmar una aplicación para su publicación.
- Publicar y actualizar aplicaciones en *Google Play*.

Introducción. Historia, su arquitectura y sus características principales

Contenido

1. Introducción
2. Introducción al *Android*
3. Historia
4. Arquitectura del sistema
5. Características principales
6. Resumen

Objetivos

El objetivo general de esta Unidad de Aprendizaje es:

→ Descubrir la evolución de *Android* desde sus inicios, la arquitectura del sistema, así como las características principales.

Los objetivos específicos de esta Unidad de Aprendizaje son:

→ Descubrir las distintas versiones de *Android*.

→ Conocer la diferencia entre los dos grandes sistemas para móviles *Android* e *iOS*.

→ Saber cómo es la arquitectura del sistema.

→ Conocer las principales características de *Android*.

1. Introducción

El teléfono móvil se ha convertido hoy en un apéndice del ser humano. No podemos imaginarnos ya la vida sin estos dispositivos y su evolución ha sido vertiginosa; también su uso.

La aparición en nuestro país de los teléfonos móviles se remonta al año 1993, cuando el servicio lo prestaba la compañía MoviLine. Estaba al alcance de muy pocos y los dispositivos de esa época solo disponían del servicio de poder enviar y recibir llamadas. Desde entonces el desarrollo de esta tecnología ha sido de vértigo, y en esa época no podíamos imaginar que nuestros dispositivos podrían conectarse entre sí a través de internet.

En esta unidad vamos a ver cómo han evolucionado los sistemas operativos para dispositivos móviles hasta la llegada de los dos sistemas que actualmente dominan el mercado: *Android* e *iOS*.

BarraLibre es un restaurante que nos ha encargado una app que permita a los usuarios, además de ver su catálogo y cartas, que los usuarios puedan realizar pedidos para ser entregados a domicilio.

Para realizar estas tareas debemos conocer las distintas versiones de *Android* para ver cuál es la más adecuada para acometer este proyecto.

2. Introducción al *Android*

HILO CONDUCTOR

Para elaborar la aplicación que nos ha propuesto BarraLibre, vamos a investigar cómo han evolucionado los sistemas operativos desde los primeros dispositivos móviles hasta los actuales. Con ello tendremos una visión más clara de qué sistema y versión deberemos utilizar para llevar a cabo el proyecto.

- -

Actualmente, existen dos sistemas operativos móviles que acaparan el 100 % del mercado. Todos los demás intentos de hacerse con un trozo del pastel han sido infructuosos y han acabado sucumbiendo y retirándose, incluso el gigante *Microsoft* fracasó en el intento.

Estos dos sistemas operativos son:

Android
- La primera versión beta de este sistema operativo la lanzó el 5 de noviembre de 2007 la empresa *Android Inc.*, actualmente propiedad de *Google.*

iOS
- El sistema operativo de *Apple* se lanzó el 29 de junio de 2007. La fecha coincide con la comercialización del primer *iPhone*, que ya integraba este sistema operativo.

 SABÍAS QUE...

Android nació para ser el sistema operativo de las cámaras digitales de la época. Su primera versión estable se lanzó el 23 de septiembre de 2008.

----

3. Historia

 HILO CONDUCTOR

Antes de meternos de lleno en el desarrollo de las aplicaciones de BarraLibre, debemos saber cómo han evolucionado los sistemas operativos hasta llegar a los sistemas actuales.

Veremos cómo hemos pasado desde sistemas muy primitivos como *Palm OS*, destinado a las antiguas PDA, hasta los más modernos que incluían sistemas de reconocimiento de voz como *Windows Phone.*

Pero antes de llegar a esta primera versión de *Android,* hubo otros sistemas operativos que permitían el funcionamiento de los teléfonos móviles.

Haremos un pequeño repaso a los antepasados de los sistemas operativos actuales:

- ➲ **Palm OS:** era un sistema operativo utilizado por las PDA, desarrollado por la compañía Palm Inc., en 1996. Disponía de una interfaz gráfica para facilitar el uso de los dispositivos al usuario y estaba basada en pantallas táctiles.

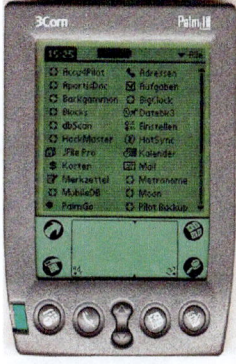

Las PDA de la empresa Palm Inc. integraron el sistema operativo Palm OS.

- ➲ **Symbian:** fue un sistema operativo que acabó en propiedad de *Nokia,* pero inicialmente fue desarrollado por la alianza entre los grandes fabricantes de ese momento: *Nokia, Sony Communications, Psion, Samsung, Siemens, Fujitsu, Lenovo, Motorola, Mitsubishi, Panasonic y Sharp.*
La primera versión de este sistema operativo se lanzó en 1997 y estuvo vigente hasta 2013. En el año 2008 *Nokia* se hizo con el mayor paquete de las acciones de la empresa desarrolladora del *software.*

Nokia fue el propietario de Symbian desde 2008.

○ **Windows Mobile:** *Microsoft* lanzó este sistema para móviles en el año 2000 y su aventura duró diez años. En el año 2010, *Windows Mobile* dejó de existir. Este sistema destacaba por incorporar una versión de *Microsoft Office.*

○ **Windows Phone:** *Microsoft* no arrojó la toalla, y en el año 2010 lanzó un nuevo sistema operativo totalmente incompatible con el anterior. Esta vez tenía a *Nokia* como aliado, pero, al igual que en el anterior intento, *Microsoft,* el gigante de los sistemas operativos para ordenadores, fracasó y en 2015 *Windows Phone* se retiró del mercado.

Una de sus principales características es la incorporación del sistema de reconocimiento de voz *Cortana.*

Windows Phone se lanzó en el año 2010 con dispositivos Nokia.

 ## ACTIVIDAD COMPLEMENTARIA

1. Busca algún sistema operativo móvil anterior a *Android,* distinto de los indicados en este apartado.

3.1. Evolución de *Android*

Desde su aparición en el año 2008, las versiones y mejoras se han ido sucediendo. A cada una de estas versiones se le asigna un nombre de un dulce. Vamos a ver a continuación las características de estas versiones.

Android 1.0

Fue la primera versión de *Android* y vio la luz en septiembre de 2008. Este sistema se presentó como lo sigue siendo hoy en día: un sistema gratuito de código abierto. El principal objetivo de *Android* era hacer frente a un sistema también bisoño que estaba dando sus primeros pasos: *iOS* de *Apple.*

Sus principales características eran:

- Incorporación de *Android Market,* la tienda de aplicaciones, todas ellas gratuitas.
- Integración del correo de *Google,* agenda de contactos y calendario.
- Disponía de navegador de internet, *Maps* y reproductor de *YouTube.*
- Menú desplegable de notificaciones.

Destacaba por carecer de *Bluetooth.*

Android 1.1

Se lanzó el 9 de febrero de 2009, pero solo lo integraba en exclusiva el *HTC Dream.* Se solucionaron varios de los errores de la versión anterior. Algunas de las características que integraba eran:

- Posibilidad de guardar archivos adjuntos en los mensajes.
- Posibilidad de ver reseñas de negocios en *Google Maps.*

El HTC Dream fue el único dispositivo que incorporaba la versión 1.1 de Android.

Android 1.5 Cupcake

La fecha de lanzamiento de esta tercera versión de *Android* fue el 27 de abril de 2009 y sus principales características eran:

- ⊃ Permitía el uso de teclados virtuales de productores externos con predicción de texto y diccionario personalizado de usuario.
- ⊃ Introdujo el uso de *Widgets.*
- ⊃ Se podían grabar y reproducir vídeos en formato MPEG.
- ⊃ Características de copiar y pegar en el navegador.
- ⊃ Hora y fecha específicas en la pantalla del historial de llamadas.
- ⊃ Posibilidad de subir vídeos desde *YouTube.*
- ⊃ Era posible subir imágenes desde *Picassa.*

 SABÍAS QUE...

Android Cupcake fue la primera versión de *Android* en recibir el nombre de un postre.

Android 1.6 Donut

La versión 1.6 de *Android* se lanzó el 15 de septiembre de 2009 como mejora de la versión anterior.

Sus características principales eran:

> Galería, cámara y cámara de vídeo ya completamente integradas.

> Capacidad de eliminar múltiples archivos de la galería.

> Mejoras en la velocidad de respuesta y en la aplicación de la cámara.

> Capacidad para procesar la resolución WVGA.

Continúa en página siguiente >>

<< Viene de página anterior

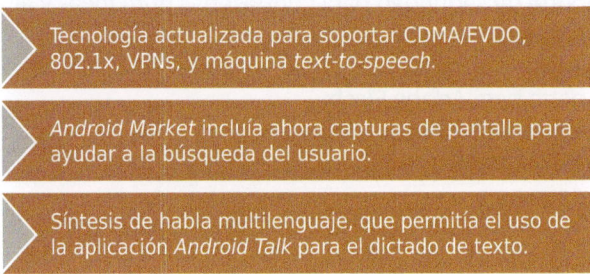

Tecnología actualizada para soportar CDMA/EVDO, 802.1x, VPNs, y máquina *text-to-speech.*

Android Market incluía ahora capturas de pantalla para ayudar a la búsqueda del usuario.

Síntesis de habla multilenguaje, que permitía el uso de la aplicación *Android Talk* para el dictado de texto.

Android 2.0 y 2.1 Éclair

La fecha de lanzamiento de esta versión fue el 26 de octubre de 2009. La versión inicial tuvo que ser modificada por fallos en la interfaz de usuario y bloqueos en los terminales.

Sus principales características eran:

- Se podía acceder con una cuenta de *Microsoft.*
- Soportaba *Bluetooth 2.1.*
- Numerosas nuevas opciones de cámara tales como *flash,* balance de blancos, efectos y enfoque macro, entre otras.
- Permitía la sincronización de diversas cuentas en un solo dispositivo.
- Capacidad, con solo tocar la foto de contacto, de realizar llamadas, *e-mails* o SMS.
- Mejoras en la interfaz del navegador, incluyendo *zoom* con doble toque y compatibilidad con HTML5.
- Calendario con vista de agenda, con la capacidad de confirmar los invitados.
- *Live Wallpapers* y pantallas principales animadas.

Android 2.2 Froyo

La fecha de lanzamiento de esta nueva versión fue el 20 de mayo de 2010. Hubo grandes mejoras en la tienda de aplicaciones.

Las características principales eran:

- Integración del motor de *JavaScript V8* de *Chrome* en el navegador.
- Optimizaciones en velocidad, memoria y rendimiento.
- Funcionalidad de anclaje de red por USB y wifi *hotspot.*

- Opción agregada para deshabilitar acceso de datos sobre red móvil.
- Soporte de seguridad para contraseñas numéricas y alfanuméricas.
- Soporte para subida de archivos en la aplicación del navegador.
- Soporte para instalación de aplicaciones en la memoria expandible.
- Soporte para *Adobe Flash*.
- La galería permitía a los usuarios ver pilas de imágenes mediante un gesto de zoom.

Android 2.3 Gingerbread

El lanzamiento se produjo el día 6 de diciembre de 2010.

Las características principales eran:

- Soporte para tamaños y resoluciones de pantalla extragrandes (WXGA y mayores).
- Soporte nativo para SIP y telefonía por internet VoIP.
- Nuevos efectos de audio tales como reverberación, ecualizador, virtualización de auriculares y aumento de bajos.
- Nuevo gestor de descargas que daba a los usuarios fácil acceso a cualquier archivo descargado del navegador, correo electrónico u otra aplicación.
- Soporte para múltiples cámaras en el dispositivo, incluyendo cámara frontal-facial, si estaba disponible.
- Recolector basura concurrente para incrementar el rendimiento.
- Soporte nativo para más sensores (tales como giroscopio y barómetro).
- Soporte de chat de vídeo o voz, usando *Google Talk.*
- Eficiencia de la batería mejorada.

Android 3.0 Honeycomb

La fecha de lanzamiento fue el 22 de febrero de 2011.

Destacaban las siguientes características:

- Soporte optimizado para tabletas, con una nueva y virtual interfaz de usuario holográfica.
- Agregada barra de sistema, con características de acceso rápido a notificaciones, estados y botones de navegación suavizados, disponible en la parte inferior de la pantalla.
- Nueva interfaz de contactos de dos paneles y desplazamiento rápido para permitir a los usuarios organizar y reconocer contactos fácilmente.
- Aceleración de *hardware.*

- Conectividad para accesorios USB.
- Soporte para teclados externos y dispositivos punteros.
- Soporte para *joysticks* y *gamepads.*

Android 4.0 Ice Cream Sandwich

La fecha de lanzamiento fue el 12 de octubre de 2011, siendo las principales características:

- Facilidad para crear carpetas, con estilo de arrastrar y soltar.
- Captura de pantalla integrada (manteniendo presionados los botones de bloqueo y de bajar volumen).
- Funcionalidad copiar-pegar mejorada.
- Habilidad de acceder a aplicaciones directamente desde la pantalla de bloqueo.
- Desbloqueo facial, característica que permite a los usuarios desbloquear los equipos usando *software* de reconocimiento facial.
- Nuevo navegador web con pestañas bajo la marca de *Google Chrome,* permitiendo hasta 15 pestañas.

Android 4.1 y 4.2 Jelly Bean

Fecha de lanzamiento el 13 de noviembre de 2012.

Las características principales eran:

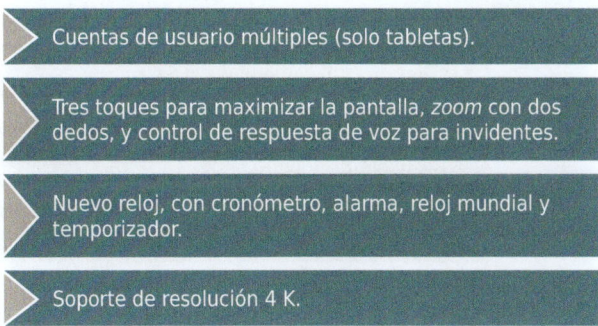

Cuentas de usuario múltiples (solo tabletas).

Tres toques para maximizar la pantalla, *zoom* con dos dedos, y control de respuesta de voz para invidentes.

Nuevo reloj, con cronómetro, alarma, reloj mundial y temporizador.

Soporte de resolución 4 K.

Android 4.4 KitKat

La fecha de lanzamiento fue el 3 de septiembre de 2013.

Destacamos las siguientes características:

- Nueva interfaz con nuevos colores.
- Optimizaciones de sistema, incluyendo menor uso de RAM.
- Chrome para *Android*.
- Grabador de pantalla incluido.
- Aplicación de subida de fotos directa a *Google+*.

Android 5 Lollipop

La fecha de lanzamiento fue el 5 de junio de 2014.

Sus características fueron:

- Mejora la colecta de basura virtual.
- Mejora de rendimiento de batería.
- Las aplicaciones de otros proveedores podían ya utilizar dispositivos externos como la memoria SD.
- Permite el uso de múltiples tarjetas SIM.
- Protección del dispositivo a distancia (en caso de robo o extravío).

Android 6 Marshmallow

La fecha de lanzamiento fue el 5 de octubre de 2014.

Las características más destacables son:

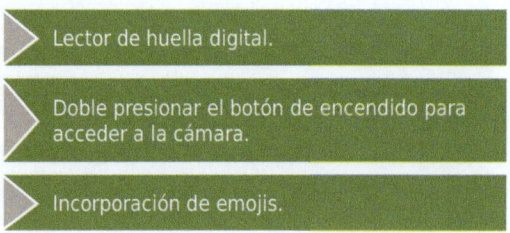

Lector de huella digital.

Doble presionar el botón de encendido para acceder a la cámara.

Incorporación de emojis.

Android 7 Nougat

Con fecha de lanzamiento de 22 de agosto de 2016.

A partir de aquí las nuevas versiones eran menos sorprendentes en cuanto a innovaciones y se limitan a mejorar la estabilidad del sistema, aunque siguen introduciendo algunas novedades.

Las características más destacables son:

- Se adapta a múltiples tamaños de pantalla.
- Utiliza *SQLite* para el almacenamiento de datos.
- Soporta *Java*.

Android 8 Oreo

Fue lanzada el 17 de mayo de 2017.

Esta versión se limita a la mejora de procesos en segundo plano, ahorrando un considerable gasto de batería.

Android 9.0 Pie

El lanzamiento fue el 2 de julio de 2018.

Las características principales fueron:

- Incluía tecnología de inteligencia artificial para adaptarse al usuario. El sistema aprende de los hábitos del usuario prediciendo las acciones que va a realizar.
- Soportaba cámaras externas.
- Soporte para conectar hasta cinco dispositivos *Bluetooth*.
- Podía recordar el nivel de volumen que se configuró para cada uno de sus dispositivos *Bluetooth*.

Android 10

A partir de esta versión, *Android* aparece sin nombre de dulces o postres limitándose a indicar la versión. El logotipo también pasa a ser el oficial sin complementos culinarios. *Google* pretende que *Android* sea un sistema operativo serio y gran competidor de *iOS*.

Las características de esta nueva versión son:

- Modo oscuro en todo el sistema.
- Soporte para operar con banda de redes 5G.

- Introducción de *Focus Mode,* un modo "no molestar" para establecer qué aplicaciones no deben distraer al usuario.
- Introducción de *Live Caption.* Esta opción añadirá subtítulos de manera automática a cualquier tipo de contenido multimedia en vídeo o audio sin necesidad de conexión a internet.
- Soporte nativo de reconocimiento facial 3D.
- Gestión de permisos mejorada.
- Mayor velocidad y eficiencia en *Google Assistant.*
- Diseños de teléfonos inteligentes plegables para aplicaciones y para el propio *Android.*

Android 11

Fue lanzado el 8 de septiembre de 2020.

Las características de esta versión son:

- Burbujas flotantes para notificaciones.
- Introducción de la función *Nearby Sharing,* anteriormente conocida como *Fast Sharing.* Será posible enviar todo tipo de contenido entre dispositivos sin utilizar conexión a internet, igual que la tecnología *AirDrop* en dispositivos Apple.
- Nuevos emojis.
- Soporte nativo de grabación de pantalla.
- Mejoras en la privacidad y seguridad del dispositivo.
- Conexión inalámbrica para *Android Auto.*

Android 12

Fue lanzado el 4 de octubre de 2021.

Las características de esta versión son:

- Material *You.*
- *Widgets* renovados.
- Seguridad ampliada en cámara y micro.
- Nuevo motor de búsqueda.

Android 13

Fue lanzado el 15 de agosto de 2022.

Las características de esta versión son:

- Temas para iconos de *apps.*
- Nuevos controles de contenido multimedia.
- Preferencias de idioma de las *apps.*
- Privacidad.
- Selector de fotos.
- Permisos de notificaciones.
- Eliminación del historial del portapapeles.

Android 14

Fue lanzado el 4 de octubre de 2023.

Las características de esta versión son:

- Mejor calidad de fotos.
- Fondos de pantalla con AI.
- Seguridad mejorada.

Android 15

Fue lanzado el 15 de octubre de 2024.

Las características de esta versión son:

- Cámara y multimedia.
- Mejora de las prestaciones de la cámara con poca luz.
- Proporciona una vista previa de imagen mejorada para que los usuarios puedan encuadrar mejor sus fotos con poca luz.
- Cómo escanear códigos QR con poca luz.
- Control de margen de HDR.

Android 16

Fue lanzado el 18 de noviembre de 2024.

Se incrementa las mejoras en las experiencias de usuario.

PARA SABER MÁS

Puedes acceder al siguiente enlace para saber más sobre *Android* y sus últimas novedades:

https://redirectoronline.com/ifcm018po0101

4. Arquitectura del sistema

HILO CONDUCTOR

Para poder desarrollar correctamente las aplicaciones de BarraLibre, es conveniente conocer el sistema *Android,* su arquitectura y en qué se basa.

En este apartado vamos a ver las características principales y arquitectura actual de *Android.*

Android, como ya hemos visto en anteriores apartados, es un sistema de código abierto y libre gestionado por *Google* desde el año 2005; desde ese mismo momento no ha dejado de crecer.

NOTA

En la página oficial para desarrolladores de *Android* se dispone de toda la información y recursos para programar aplicaciones y *Widgets* de este sistema.

4.1. La arquitectura de *Android*

La arquitectura de *Android* consta de una pila de *software* de código abierto basado en el sistema operativo *Linux*.

Los componentes principales de esta pila son los siguientes:

Kernel de Linux
- Es la capa principal de cualquier sistema. En este caso la capa *Kernel* de *Android* está basada en el sistema operativo *Linux*.
- Proporciona la funcionabilidad básica de *Android*, tales como la gestión de memoria, la gestión de dispositivos, etc.

Capa de abstracción de *hardware* (HAL)
- Se encarga de toda la gestión de dispositivos, cámara, pantalla, *bluetooth*, etc.

Librerías
- Conjunto de programas que se encargan, entre otras tareas, del almacenamiento de datos o compartición de información entre aplicaciones para la reproducción, por ejemplo, del audio y vídeo.

Aplicaciones
- Esta capa incluye todas las aplicaciones de *Android* como la agenda de contactos, el navegador, los juegos, etc.

 **PARA SABER MÁS**

Puedes acceder al siguiente enlace para saber más sobre la arquitectura de *Android:*

Continúa en página siguiente >>

<< Viene de página anterior

https://redirectoronline.com/ifcm018po0103

 **APLICACIÓN PRÁCTICA**

Una de las aplicaciones de BarraLibre debe almacenar cierta información de sus clientes para una posterior consulta.

¿Qué capa dispone del recurso que debe usar esta aplicación para almacenar dicha información?

Solución

En la capa Librerías se incluyen las tareas de almacenamiento de datos.

---

5. Características principales

HILO CONDUCTOR

Para poder tomar mejor las decisiones a la hora de desarrollar las aplicaciones de BarraLibre, es necesario conocer las características más importantes del sistema con el que vamos a trabajar.

Veremos en el siguiente apartado las características de este sistema y en qué se diferencia de su competidor principal.

Como ya hemos visto en el apartado anterior, el núcleo de este sistema es el *Kernel* de *Linux,* lo que lo hace un sistema bastante estable.

La gran diferencia con respecto a su gran competidor, *iOS,* es que mientras que *iOS* solo se puede instalar en los terminales de *Apple (IPhone, iPad), Android* puede ser instalado en cualquier terminal; eso lo hace mucho más estándar y universal.

Pero, claro, no todo son ventajas con respecto a *iOS.* Mientras que las actualizaciones del sistema de la manzana mordida son automáticas, las actualizaciones de *Android* no se producen en todos los terminales a la vez y, además, dependen de cada uno de los fabricantes.

Otra de las desventajas, aunque cada vez en menor medida, es la cierta vulnerabilidad del sistema con respecto a ataques sobre el terminal al tratarse de un sistema de código abierto y que puede ser conocido por cualquiera, mientras que *iOS* es propiedad exclusiva de *Apple.* Eso no quita para que, de vez en cuando, surjan también problemas de seguridad.

 **VÍDEO**

Puedes visualizar el siguiente vídeo para saber más sobre las diferencias más importantes entre *iOS* y *Android:*

https://redirectoronline.com/ifcm018po0104

5.1. La tienda de aplicaciones *Google Play*

Para poder ofertar aplicaciones a los usuarios, estas deben ser subidas a la tienda de las aplicaciones de *Google* que se denomina *Google Play.*

Cuando subimos una aplicación a la tienda, sea gratuita o de pago, esta va a ser checada y analizada para comprobar si cumple con las políticas de *Google* con respecto a protección de menores, protección de datos, vulnerabilidad del código, etc.

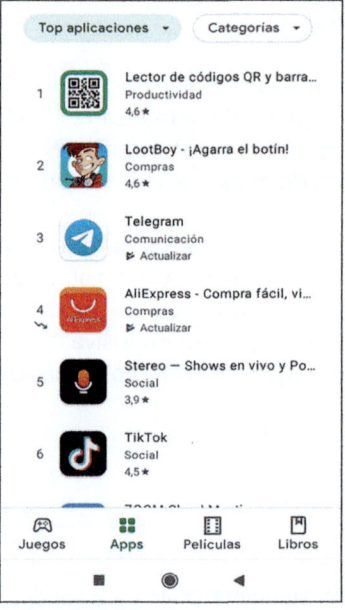

Google Play con lista de las mejores aplicaciones según la puntuación de usuarios

5.2. Cuenta de desarrollador

Pero, para poder subir aplicaciones a la *Google Play,* deberás crear una cuenta de desarrollador. Esta cuenta tiene un coste único de 25 $, unos 24 € al cambio.

 SABÍAS QUE...

La cuenta de desarrollador de *Android* es mucho más económica que la de *iOS* de *Apple,* que supone 99 $ al año frente al pago único de 25 $ de *Android.*

Para poder abrir la cuenta de desarrollador de *Android* deberás acceder a la URL y completar el formulario.

Crear cuenta de desarrollador

La cuenta de Google seleccionada será la propietaria de esta nueva cuenta de desarrollador. Si quieres unirte a un desarrollador que ya haya sido creado, solicita una invitación a tu administrador.

Si eres una organización, te recomendamos que no uses una cuenta personal para configurar cuentas de desarrollador. Puedes usar cualquier dirección de correo electrónico para configurar cuentas de Google. Más información

ⓘ Para crear una cuenta, debes pagar una cuota única de 25 $. Es posible que tengas que verificar tu identidad con un documento de identificación válido para completar el registro de tu cuenta. Si no podemos verificar tu identidad, no se reembolsará el pago de la cuota de registro.

Nombre público del desarrollador *

Los usuarios de Google Play podrán verlo   0/50

Dirección de correo electrónico de contacto secundaria *

Puede que usemos esta información, además de la dirección de correo electrónico asociada a tu cuenta de Google, para ponernos en contacto contigo. Los usuarios de Google Play no podrán verla.

Número de teléfono de contacto *

Incluye el signo +, el código de país y el código de área. Puede que usemos esta información para ponernos en contacto contigo, pero los usuarios de Google Play no podrán verla.

Formulario de alta de desarrollador de Android

Una vez que hemos dado de alta la cuenta de desarrollador, disponemos de la siguiente interfaz:

- **Bandeja de entrada:** almacén de mensajería de *Google*. Aquí podremos leer todos los correos que desde *Google* nos envíen.
- **Estado de la política:** notificaciones del incumplimiento de las políticas de *Google* en alguna de las aplicaciones.
- **Usuarios y permisos:** usuarios con derecho a administrar la cuenta de desarrollador, así como los permisos otorgados a cada uno de ellos.
- **Gestión de pedidos:** solamente para aquellos desarrolladores con cuenta comercial que permite vender en la tienda de *Google*. Desde esta opción accederemos a las aplicaciones adquiridas por los usuarios.
- **Descarga de informes:** acceso a múltiples informes, tales como reseñas que los usuarios dejan en las diferentes aplicaciones, estadísticas, estado financiero de las aplicaciones vendidas, etc.
- **Ajustes:** permite configurar diferentes aspectos de la interfaz como, por ejemplo, el idioma, las preferencias, las plantillas de precios, etc.

IMPORTANTE

Para poder crear una cuenta de desarrollador, es necesario disponer de una cuenta de *Google.* Si no la tienes, puedes crearla en:

https://redirectoronline.com/ifcm018po0106

6. Resumen

Los dos grandes sistemas operativos para dispositivos móviles son:

La diferencia más importante entre estos dos sistemas es que, mientras que *iOS* solo se puede instalar en los dispositivos de la marca *Apple, Android* es compatible con cualquier dispositivo.

Android está basado en el sistema operativo de código abierto *Linux,* lo que lo hace muy estable.

La última versión de *Android* es la 16, que salió en 18 de noviembre de 2024.

Android fue adquirido por *Google* en el año 2005 por 50 millones de dólares. Esta oferta de venta fue ofrecida con anterioridad a *Samsung,* que la rechazó.

Las versiones de *Android,* desde la 1.5, tomaron la tradición de dar un nombre de postre a dichas versiones, hasta la 10, cuando se ha dejado de hacer de esta forma.

Pero, antes de llegar hasta *Android,* hubo otros lenguajes como:

Estos sistemas se creaban para dispositivos concretos y no eran estandarizados. Las aplicaciones eran incompatibles entre los distintos sistemas que convivieron en el tiempo.

La arquitectura del sistema *Android* consiste en varias capas, que destacamos a continuación:

- *Kernel* de *Linux*
- Capa de abstracción de (HAL)
- Librerías
- Aplicaciones

Para poder publicar aplicaciones en la tienda de *Google,* es necesario disponer de una cuenta de desarrollador que tiene un coste de 25 $. Para darnos de alta como desarrolladores y abonar dicha cantidad, debemos acceder a la URL, donde debemos cumplimentar un formulario.

Ejercicios de autoevaluación
Unidad de Aprendizaje 1

1. El otro gran sistema operativo competidor de *Android* se denomina:

a. *Apple*
b. *SOI*
c. *iOS*
d. *PEAR*

2. *Android* es propiedad de...

a. ... *Samsung.*
b. ... *Google.*
c. ... *Microsoft.*
d. No tiene dueño.

3. *Windows Phone* fue un sistema operativo de...

a. ... *Samsung.*
b. ... *Google.*
c. ... *Microsoft.*
d. Ese sistema no existió.

4. Determina si la siguiente oración es verdadera o falsa: *"Windows Mobile* incluye una versión de *Office".*

■ Verdadero
■ Falso

5. La versión 4.4 de *Android* se denominó...

a. ... *KitKat.*
b. ... *Ice Cream.*
c. ... *Nougat.*
d. No tenía nombre.

6. ¿Cuándo se lanzó la primera versión de *Android*?

    a. 2008
    b. 2007
    c. 2010
    d. 2000

7. Determina si la siguiente oración es verdadera o falsa: *"Android* está basado en el sistema operativo *Linux"*.

    ■ Verdadero
    ■ Falso

8. Para dar de alta la cuenta de desarrollador de *Android* hay que abonar 25 $. ¿Qué duración tiene esta cuenta?

    a. Un año, después se debe renovar.
    b. Cuatro años, después se debe renovar.
    c. Hasta que salga la siguiente versión de *Android.*
    d. Es ilimitada, no se debe renovar nunca.

9. ¿Cómo se llama la tienda de aplicaciones de *Google*?

    a. *APP Store.*
    b. *Google Play.*
    c. *Google Android.*
    d. *Google APP.*

10. ¿En qué capa de la arquitectura de *Android* se encuentra la gestión de la cámara?

    a. En el *Kernel.*
    b. En las librerías.
    c. Capa de abstracción de *hardware* (HAL).
    d. Todas las opciones son incorrectas.

Entorno de trabajo. Ciclo de vida de las aplicaciones. Componentes de la aplicación

Contenido

1. Introducción
2. Entorno de trabajo
3. El ciclo de vida de una aplicación *Android*
4. Componentes de una aplicación
5. Resumen

Objetivos

Los objetivos generales de esta Unidad de Aprendizaje son:

→ Crear proyectos con *Android Studio*.

→ Configurar e instalar simuladores.

Los objetivos específicos de esta Unidad de Aprendizaje son:

→ Conocer cómo descargar e instalar *Android Studio*.

→ Crear un proyecto en *Android Studio*.

→ Agregar *Constraint* a una vista.

→ Distribuir los componentes dentro de una *Activity*.

→ Incorporar a un proyecto una imagen y mostrarlo en un *ImageView*.

→ Crear textos dentro de un proyecto de *Android* con *TextView*.

1. Introducción

Para desarrollar una aplicación en cualquier lenguaje de programación, necesitamos un entorno de trabajo, un *software* donde poder codificar las diferentes aplicaciones.

Para desarrollar aplicaciones en *Android,* también necesitamos un entorno de programación. Existen varios entornos gratuitos, como *Eclipse,* que han dejado de utilizarse desde la aparición del entorno de programación para aplicaciones nativas lanzado por *Google* y denominado *Android Studio,* del que se va a hablar en la presente unidad del curso.

Para realizar las aplicaciones de BarraLibre debemos buscar un entorno de desarrollo lo más seguro y estable posible y que permita el desarrollo con cualquiera de los dos lenguajes que actualmente admite *Android.*

2. Entorno de trabajo

 HILO CONDUCTOR

Para desarrollar la primera aplicación de BarraLibre, que consistirá en mostrar las imágenes de los productos que comercializa, necesitamos buscar un entorno de trabajo o programación.

En este apartado veremos cómo podemos descargar e instalar *Android Studio,* el entorno oficial de *Google* para *Android.*

El entorno actual de programación *Android Studio* permite desarrollar las aplicaciones para este sistema de una forma intuitiva. Es un entorno visual que nada tiene que ver con las primitivas versiones que nos dejaban alojar únicamente código.

Con *Android Studio* podrás desarrollar todo tipo de aplicaciones en este sistema disponiendo en un solo programa de todos los elementos necesarios, tanto gráficos como de programación. Es el entorno ideal para los desarrolladores nativos de *Android.*

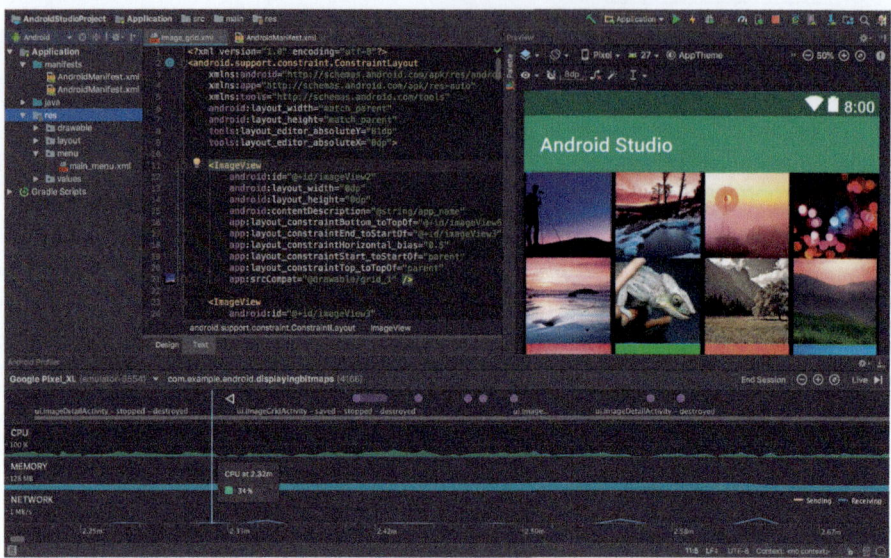

Entorno de programación de Android Studio

NOTA

Para la descarga de *Android Studio,* accede al siguiente enlace.

https://redirectoronline.com/ifcm018po0201

2.1. *Android Studio,* entorno multiplataforma

Android Studio es una aplicación multiplataforma que puedes instalar en entornos *Windows, Mac OS, Linux* y *Chrome OS.*

Cuando accedemos a la descarga, el navegador comprueba el sistema operativo y nos ofrece la última versión de *Visual Android* del sistema que dispongamos.

La página de descarga nos ofrece la versión del sistema que tengamos instalado.

Además, nos ofrece dos opciones más:

- **Download options:** desde esta opción podrás acceder a todas las versiones disponibles de *Android Studio.*
- **Release notes:** en esta opción podrás leer todas las notas importantes de la actualización actual.

2.2. Requerimientos mínimos para poder instalar *Android Studio*

Dependiendo del sistema que dispongamos en nuestro dispositivo, debemos disponer de unos requerimientos mínimos para que *Android Studio* se pueda instalar. Estos requerimientos son:

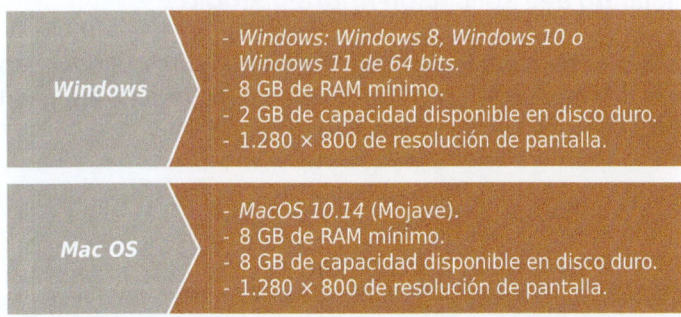

Windows	- *Windows: Windows 8, Windows 10 o Windows 11 de 64 bits.* - 8 GB de RAM mínimo. - 2 GB de capacidad disponible en disco duro. - 1.280 × 800 de resolución de pantalla.
Mac OS	- *MacOS 10.14* (Mojave). - 8 GB de RAM mínimo. - 8 GB de capacidad disponible en disco duro. - 1.280 × 800 de resolución de pantalla.

Continúa en página siguiente >>

<< Viene de página anterior

Linux	- Cualquier distribución de *Linux* de 64 bits que sea compatible con Gnome, KDE o Unity DE; GNU C Library (glibc) 2.31 o versiones posteriores. - 8 GB de RAM. - Arquitectura de la CPU de x86_64; procesador Intel Core de segunda generación o posterior, o procesador AMD compatible con AMD Virtualization (AMD-V) y SSSE3. - Espacio en disco de 8 GB.

APLICACIÓN PRÁCTICA

Para crear las aplicaciones de BarraLibre disponemos de un ordenador *Windows 10* de 64 bits y un *Mac OS 11.2* de 64 bits.

¿Podremos instalar *Android Studio* en los dos ordenadores para el desarrollo de las aplicaciones?

Solución

Sí, podremos instalarlo en los dos equipos indicados.

- -

2.3. Iniciando una aplicación *Android Studio*

Cuando iniciamos una nueva aplicación en *Android Studio,* deberemos elegir el tipo de plantilla con la que vamos a empezar a diseñar dicha aplicación y para qué tipo de dispositivo se desarrollará.

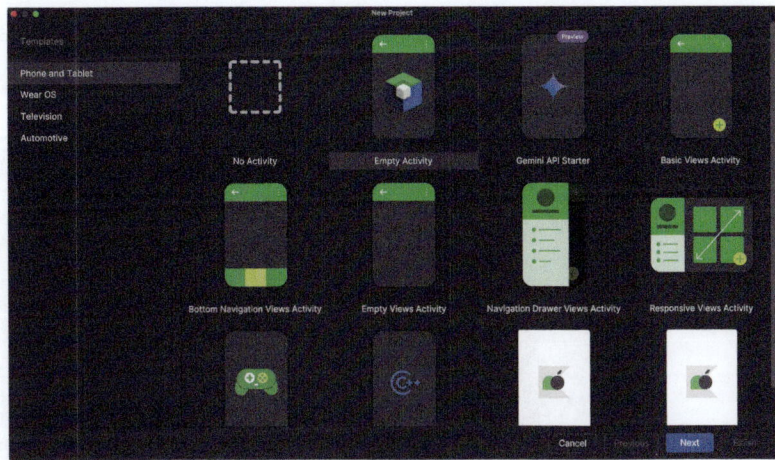

En la pantalla inicial de Android Studio debemos seleccionar el tipo de plantilla que vamos a utilizar en la aplicación.

En esta primera pantalla, tenemos que seleccionar entre las siguientes categorías:

- *Phone and Tablet:* en esta categoría se encuentran todas las plantillas que se pueden utilizar en aplicaciones enfocadas a teléfonos móviles y tabletas, como por ejemplo pantallas de inicio de sesión, con mapas del servicio de *Google Maps,* etc.
- *Wear OS:* en esta categoría se encuentran plantillas enfocadas a dispositivos *Smartwatch* (relojes inteligentes).

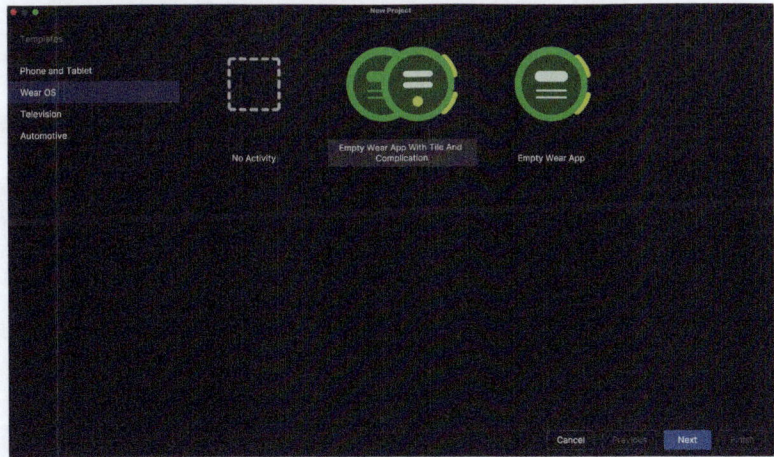

Wear OS, plantillas enfocadas a relojes inteligentes

➲ *Android TV:* encontraremos la plantilla en blanco para poder desarrollar aplicaciones enfocadas a las *Smart TV* con sistema *Android*.

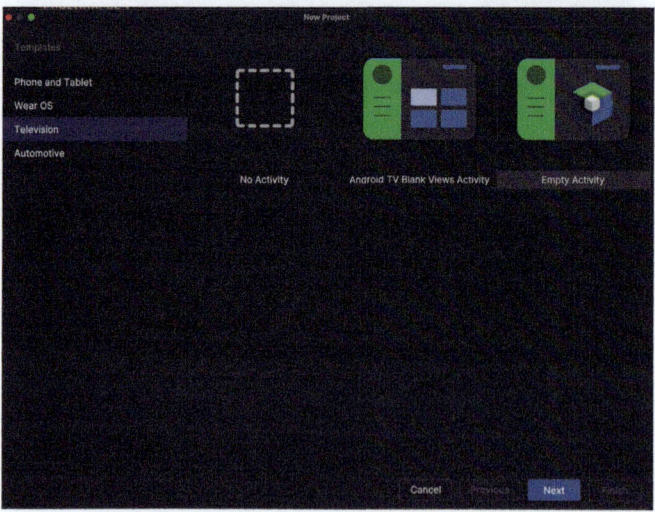

Plantillas enfocadas a desarrollar App para TV

➲ *Automotive:* plantillas que permiten desarrollar aplicaciones para los dispositivos de los automóviles inteligentes actuales. Se podrán desarrollar tanto aplicaciones de mensajería como de reproducción de audio/vídeo.

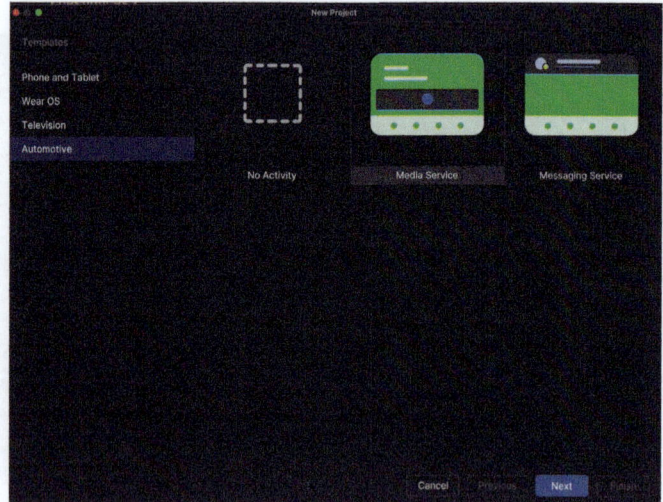

Desde esta opción de Automotive, podrás desarrollar aplicaciones para automóviles inteligentes.

ACTIVIDAD COMPLEMENTARIA

2. En el apartado anterior, hemos hablado de *Wear OS*, en esta actividad
   deberás investigar qué es y qué tipo de aplicaciones podremos programar
   con este tipo de plantillas.

La primera aplicación que debemos desarrollar para BarraLibre debe ser
para móviles y tabletas, por lo que vamos a seleccionar la primera categoría
de *Android Studio*.

En esta categoría se nos ofrecen varias opciones de actividad inicial para la
aplicación, de las que podemos destacar las siguientes:

Empty Activity
- Se trata de crear una actividad vacía para desarrollar aplicaciones en el nuevo sistema de programación reactiva *JetPack Compose*.

Gemini APP Starter
- Se trata de iniciar una aplicación con el sistema de AI de *Google*.

Basic Views Activity
- Se trata de iniciar una *app* vacía con el sistema de programación de vistas basado en eventos. Agrega a la primera vista un botón flotante.

Bottom Navigation Views Activity
- Inicia una *app* vacía basada en vistas con un sistema de navegación en la parte inferior de la vista.

Empty Views Activity
- Inicia una *app* vacía con el sistema de programación de vistas sin botones ni ningún otro componente adicional. Esta es plantilla más básica para crear aplicaciones por vistas.

Continúa en página siguiente >>

<< Viene de página anterior

Navigation Drawer Views Activity
- Inicia una *app* basada en vistas con menú de navegación lateral.

Responsive Views Activity
- Inicia una *app* con sistema *responsive* que se adapta a cualquier tamaño de dispositivo. Usa sistemas de Frames.

Game Activity
- Inicia una *app* para crear juegos basados en lenguaje C++.

Native C++
- Módulo para crear programas en lenguaje C++.

Kotlin Multiplataform App
- Módulo para crear *app* multiplataforma (por ejemplo, *Android* e *IOS);* este recurso está disponible si se instaló el *plugin* correspondiente.

Kotlin Multiplataform Library
- Módulo de librerías para crear *app* multiplataforma.

PARA SABER MÁS

Puedes acceder al siguiente enlace para visitar la web oficial de Jetpack Compose.

https://redirectoronline.com/ifcm018po0212

VÍDEO

Puedes visualizar el siguiente vídeo para saber más sobre qué son las *Activities* y para qué sirven:

https://redirectoronline.com/ifcm018po0202

Para iniciar nuestra primera aplicación, vamos a seleccionar **Empty Views Activity,** donde deberemos indicar los datos básicos de la aplicación.

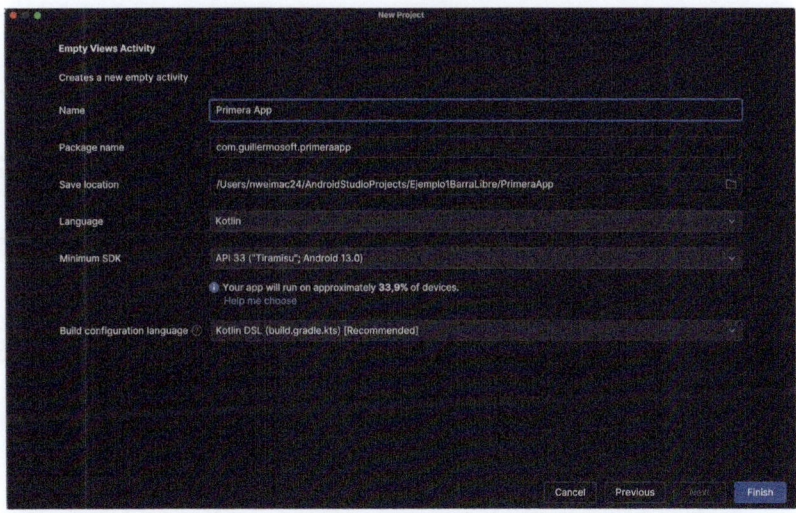

Los datos que hay que indicar son los siguientes:

- ⇒ *Name:* es el nombre de la aplicación, puede llevar espacios en blanco y la letra eñe.
- ⇒ *Package Name:* nombre del paquete que generará la aplicación para después publicarlo en *Google Play,* no admite espacios en blanco ni la

letra eñe. *Android Studio* toma del *Name* el nombre del paquete eliminando los caracteres prohibidos.

- ⮞ **Save Location:** ruta donde se almacenará el proyecto.
- ⮞ **Language:** tradicionalmente en *Android* se programaba en lenguaje *Java,* pero desde el año 2016 *Kotlin* es el lenguaje oficial de *Google*. *Android Studio* permite programar en ambos lenguajes, pero en este curso vamos a desarrollar todos los ejemplos y actividades en el lenguaje oficial actual: *Kotlin*.
- ⮞ **Minimum SDK:** versión mínima de *Android* que un usuario debe tener en su dispositivo para utilizar nuestra aplicación. *Android Studio* nos ofrece el porcentaje de dispositivos aproximados a los que podremos alcanzar.

SABÍAS QUE...

A mayor SDK exigido por nuestra aplicación, menos usuarios alcanzaremos, aunque dispondremos de más recursos y actualizados para programar la app.

- -

TAREA 1

A nuestro cliente BarraLibre le interesa crear una APP denominada "Pídenos". Hemos decidido crearla en lenguaje *Kotlin* y debe estar disponible para versiones de *Android 13.0* y posteriores.

La *Activity* inicial será una *Empty Views Activity*.

Indica cada uno de los pasos que hay que seguir y muestra las pantallas para poder crear este proyecto.

- -

2.4. La interfaz de *Android Studio*

Una vez que *Android Studio* genera el proyecto, nos encontraremos con la siguiente pantalla:

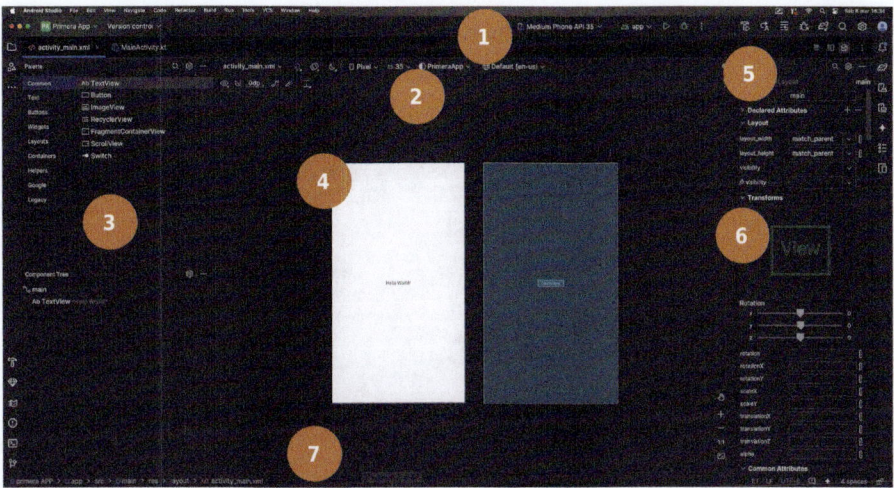

1. **Barra de menú principal:** nos permitirá acceder a cada una de las opciones principales del programa.
2. **Barra de herramientas:** encontraremos herramientas para poner en marcha las aplicaciones desarrolladas, seleccionar el simulador de dispositivos, acceder al depurador de código, etc.
3. **Estructura del proyecto:** árbol del proyecto desde donde podremos acceder a cada una de las carpetas y archivos de este.
4. **Ventana de diseño:** permite el desarrollo visual de la aplicación de cada una de las actividades.
5. **Pestañas de visualización:** podremos cambiar de entorno visual a entorno de programación (código).
6. **Ventana de propiedades:** posibilita modificar las propiedades de cada uno de los objetos.
7. **Barra de estado:** permite alternar entre distintas herramientas de depuración de programa.

2.5. Creando un dispositivo virtual de *Android* (AVD)

Para poder probar las aplicaciones, deberemos disponer de un dispositivo *Android* conectado al ordenador donde estemos desarrollando la app o, en su defecto, tener cargado un AVD o simulador.

Para cargar un simulador en *Android Studio* procederemos de la siguiente manera: accederemos a la opción *Tools / AVD Manager* en el menú; también es posible desplegar el selector de dispositivos y seleccionar *AVD Manager* como muestra la siguiente imagen:

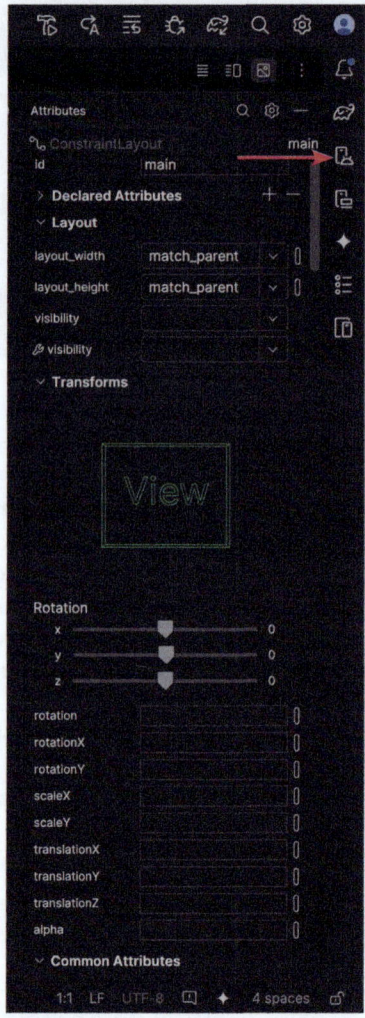

Hacemos clic en el icono indicado y aparece la siguiente pantalla.

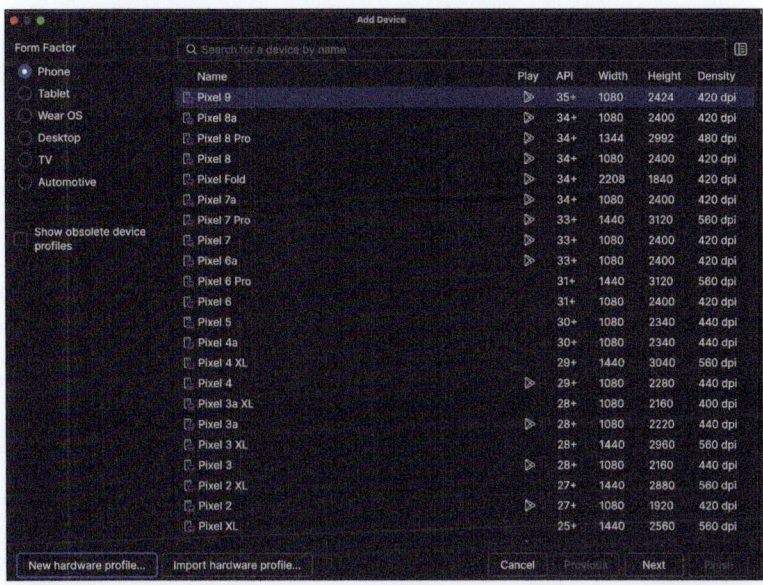

Hacemos clic en **New hardware profile** o seleccionamos alguno de los emuladores ya creados.

Si creamos nuestro emulador pulsando **New hardware profile** obtendremos la siguiente imagen.

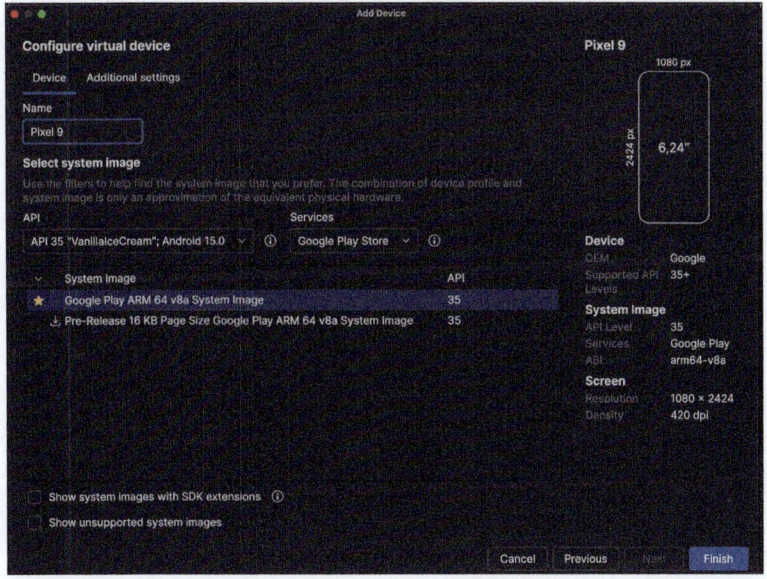

Donde podremos configurar las características de nuestro emulador (tamaño, capacidad de almacenamiento, etc.).

NOTA

Es conveniente que dispongas de varios AVD de distintos tamaños instalados para poder visualizar el comportamiento de la app desarrollada en los distintos dispositivos.

3. El ciclo de vida de una aplicación *Android*

 **HILO CONDUCTOR**

Antes de ponernos a trabajar con esta primera aplicación de BarraLibre, necesitamos conocer qué ciclo de vida va a tener dicha aplicación, es decir, los diferentes estados que va a pasar la app desde que se carga hasta que se cierra.

A continuación veremos que, a diferencia de las aplicaciones de un sistema como *Windows*, *Linux* o *Mac OS*, donde es el usuario quien controla el ciclo de vida, en *Android* es el propio sistema el que controla este aspecto.

Una aplicación *Android* se ejecuta dentro de su propio proceso *Linux*. Este proceso nace con la aplicación y continúa activo hasta que ya no sea necesario y el sistema reclame su memoria para asignar a otra aplicación.

Las actividades son las que controlan el ciclo de vida de las aplicaciones. El sistema mantiene una pila de actividades que han sido previamente visualizadas por el usuario.

DEFINICIÓN

Actividad

Es cada uno de los elementos interactivos de la aplicación que en otros lenguajes se conocen como pantalla o *Screen*.

- -

Una actividad puede estar en uno de los siguientes estados:

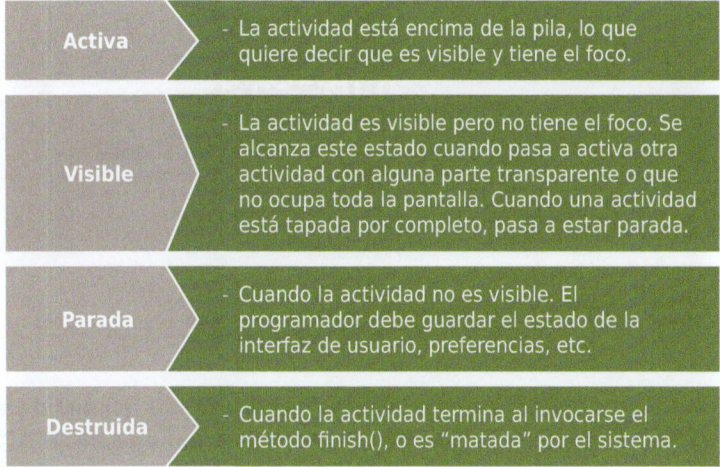

Activa	- La actividad está encima de la pila, lo que quiere decir que es visible y tiene el foco.
Visible	- La actividad es visible pero no tiene el foco. Se alcanza este estado cuando pasa a activa otra actividad con alguna parte transparente o que no ocupa toda la pantalla. Cuando una actividad está tapada por completo, pasa a estar parada.
Parada	- Cuando la actividad no es visible. El programador debe guardar el estado de la interfaz de usuario, preferencias, etc.
Destruida	- Cuando la actividad termina al invocarse el método finish(), o es "matada" por el sistema.

Cada vez que una aplicación cambia de estado, se generan una serie de eventos que pueden ser capturados por métodos de aplicación.

Los eventos que se generan cuando una aplicación cambia de estado son:

- ⮑ *onCreate:* sucede en el momento de que se crea la actividad. Se utiliza generalmente para la inicialización de actividades.
- ⮑ *onStart:* nos indica que la actividad va a ser mostrada al usuario.
- ⮑ *onResume:* puede ser llamada cuando la actividad va a comenzar a interactuar con el usuario.
- ⮑ *onPause:* indica que la actividad va a ser parada de forma temporal y, por lo tanto, pasa a segundo plano de la aplicación.
- ⮑ *onStop:* la actividad deja de ser visible para el usuario.
- ⮑ *onRestart:* indica que la actividad vuelve a ser visible después de haber estado en *onStop.*

⊃ **onDestroy:** es llamada justo antes de que la actividad se destruya de forma completa.

 **VÍDEO**

Puedes visualizar el siguiente vídeo sobre el ciclo de vida de las actividades:

https://redirectoronline.com/ifcm018po0203

 **APLICACIÓN PRÁCTICA**

Una de las aplicaciones que estamos diseñando, en una de sus actividades, dispone de un botón que permite cargar otra de las actividades.

¿Qué evento se lanzará en la actividad que se abandona?

Solución

El evento *onPause.* La actividad permanece en pausa salvo que el programador decida pararla de forma permanente para liberar memoria.

4. Componentes de una aplicación

☞ **HILO CONDUCTOR**

Ya conocemos lo que es una *Activity* o actividad; es el componente principal de cualquier aplicación *Android*. Pero este sistema dispone de muchos más componentes tanto visuales como de programación.

Para poder desarrollar las aplicaciones de BarraLibre debemos conocer cada uno de estos componentes y su utilidad. En este apartado vas a conocer los componentes de las aplicaciones y su utilidad.

Una aplicación dispone, como ya hemos visto, de una serie de componentes que denominamos *Activity*. Pero estos componentes no son más que el simple contenedor de los componentes que realmente van a interactuar con el usuario, como son los *button* (botones), *EditText* (cajas de textos, *TextView* o etiquetas) y un largo etcétera.

En este apartado vas a conocer para qué sirven los principales componentes y su disposición dentro de la *Activity,* y cómo debemos actuar para los distintos dispositivos (móvil, tableta, etc.).

4.1. La *Activity*

Cuando accedemos a *Android Studio,* nos encontramos con la actividad principal o *MainActivity;* esta actividad será la que cargue cuando el usuario corra a nuestra aplicación.

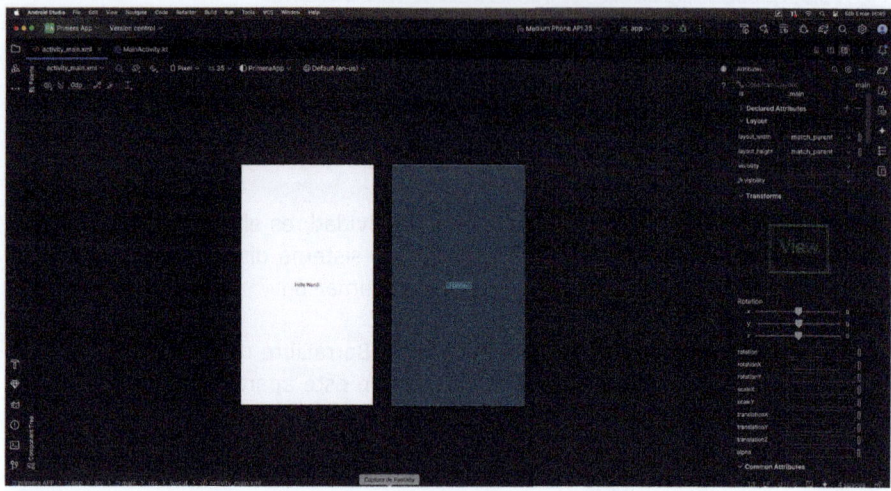

Vista de diseño de una actividad

Al desarrollar una aplicación, podremos visualizar la actividad de tres formas diferentes:

- **Vista Diseño (Design):** el programador podrá arrastrar a la *Activity* los componentes con los que el usuario interactúa. Es el modo visual y es el que viene por defecto en *Android Studio.*

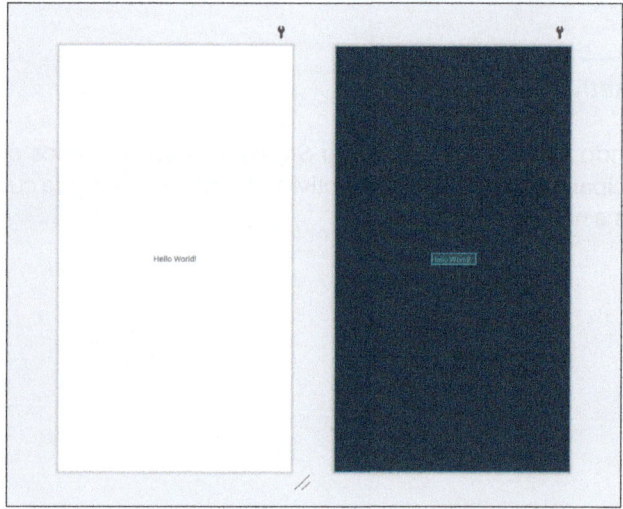

Vista de diseño de una aplicación

◐ **Vista código** *(Code):* este modo nos muestra el código XML de la actividad. Podremos diseñar dicha actividad con este lenguaje sin necesidad de usar el método visual; no obstante, siempre será más cómodo con él.

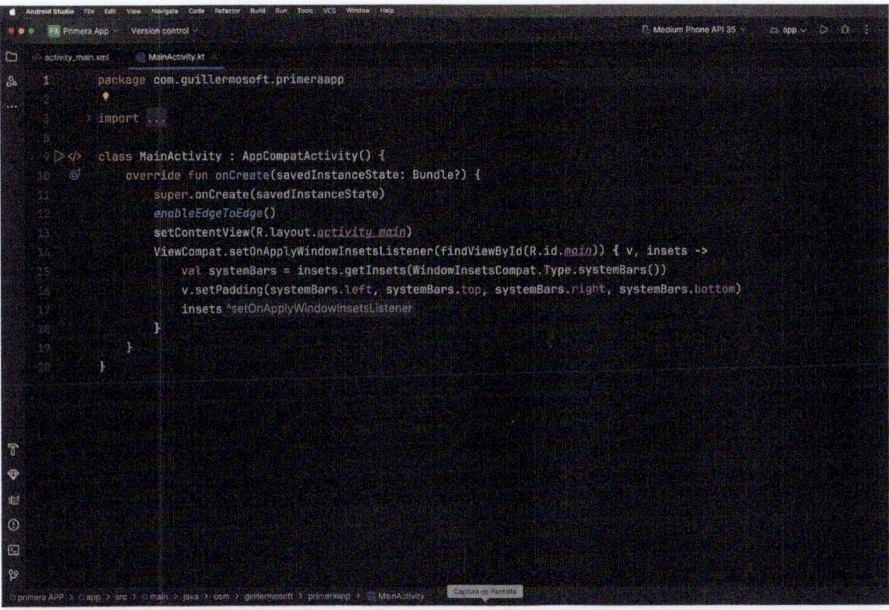

Modo Code de la Actividad

◐ **Vista mixta** *(Split):* este modo permite dividir la *interface* y visualizar las dos vistas anteriores.

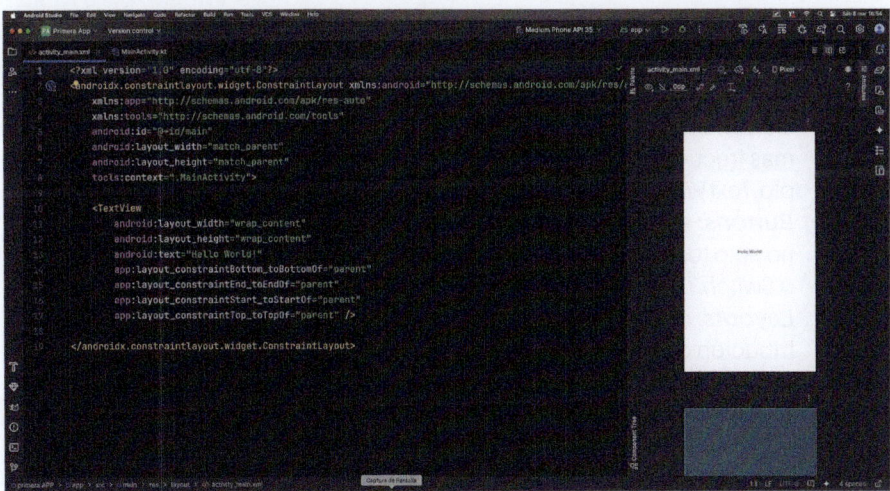

Con la vista Split, podemos ver tanto el modo diseño como el modo código.

4.2. La paleta de componentes

En la parte izquierda de *Android Studio,* encontraremos la paleta de componentes que disponemos para desarrollar la parte visual de la actividad.

Esta paleta se expande o se contrae a través del propio botón **Palette.**

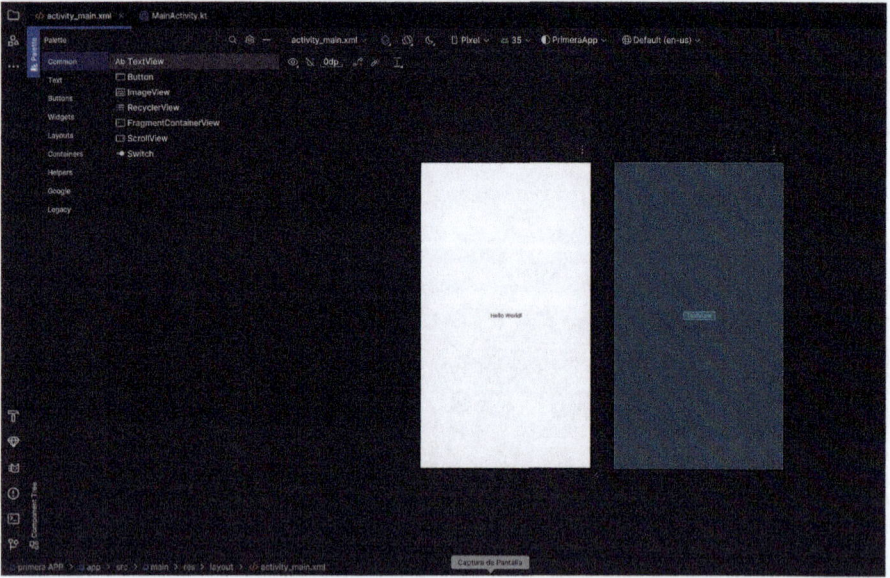

*Con el botón **Palette**, podrás expandir la paleta de componentes.*

La paleta se encuentra organizada en grupos de componentes. Estos grupos son:

- **Common:** en este grupo se alojan los componentes que se utilizan con más frecuencia a la hora de confeccionar una actividad, como por ejemplo *TextView* o *Button.*
- **Buttons:** en esta categoría se encuentran los componentes de acción, no solo los *Buttons,* sino otros elementos como *RadioButton, CheckBox* o *Switch.*
- **Layouts:** componentes para la creación de capas que permitirán la distribución de los demás componentes de la actividad.
- **Helpers:** son componentes de ayuda a la distribución de los demás elementos de la actividad, como pueden ser los *Guideline,* que permiten establecer márgenes.
- **Legacy:** incluye componentes heredados de otras versiones de *Android Studio.*

- **Google:** incluye componentes de servicios de *Google* como *Google Maps* y *Google Ad.*
- **Containers:** componentes que albergan datos como pueden ser las listas desplegables o *Spinner.*
- **Widgets:** incluyen componentes interactivos para el usuario como el *RankingBar* que permite votar o valorar sobre alguna cuestión que proponga la aplicación.
- **Text:** aquí podremos localizar todos los componentes necesarios para la entrada de texto por parte del usuario.

4.3. Distribución de componentes. *Las Constraint*

A lo largo de las diferentes versiones de *Android Studio,* para la distribución de componentes en una actividad, se han manejado varios *layouts,* desde los primitivos *LinearLayout,* que permiten la distribución tanto horizontal como vertical de los elementos (actualmente se pueden seguir utilizando), como las novedosas *Constraint,* que permiten una distribución multidispositivo.

 **DEFINICIÓN**

Constraint
Representa un alineamiento entre dos componentes, una guía invisible o incluso la propia vista denominada elemento padre.

Cuando creamos una aplicación nueva, nos encontraremos que disponemos de una nueva actividad en la que se encuentra un *TextView* con el típico *Hello World,* donde se puede observar cómo están establecidas las *Constraint,* tanto horizontal como verticalmente, al padre.

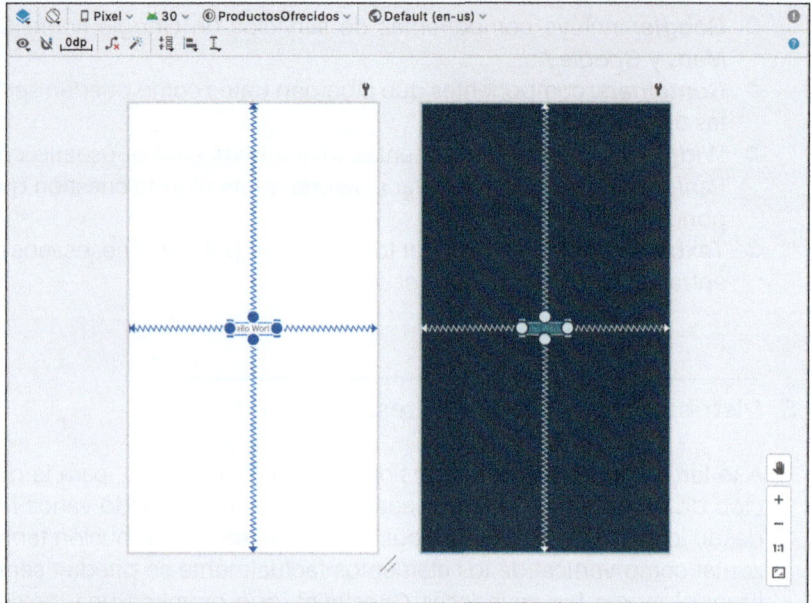

Constraint del EditText, donde se visualiza su alineamiento al padre.

SABÍAS QUE...

Para comprobar las *Constraint* de un componente, solo debes hacer clic sobre dicho componente.

4.4. Establecimiento de las *Constraint*

Un componente de una actividad debe tener como mínimo una *Constraint* horizontal y otra vertical. Si no fuera así, *Android Studio* nos indicaría que existe un error y no nos dejaría ejecutar ni probar la aplicación hasta que dicho error sea solucionado.

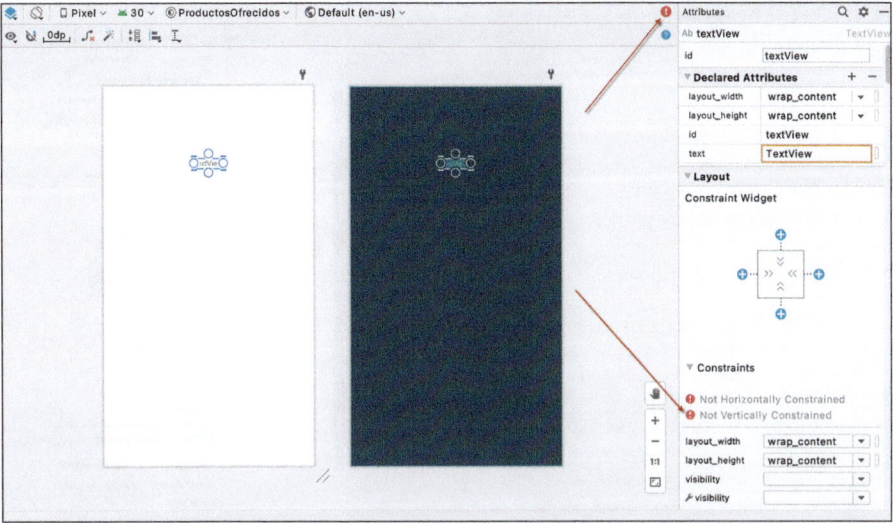

El *TextView* de la imagen no dispone de las *Constraint* establecidas y podemos observar que *Android Studio* nos indica el error.

Para establecer una *Constraint,* tan solo debes colocarte en uno de los puntos del componente y llevarlo hasta su punto de unión.

 **VÍDEO**

Para ver cómo establecer una *Constraint,* puedes visualizar el siguiente vídeo:

https://redirectoronline.com/ifcm018po0204

Una vez establecidas las *Constraint,* podremos establecer los márgenes al punto de unión que hemos establecido. Estos márgenes pueden establecerse desde la lista de propiedades, situada a la derecha de la interfaz de *Android Studio.*

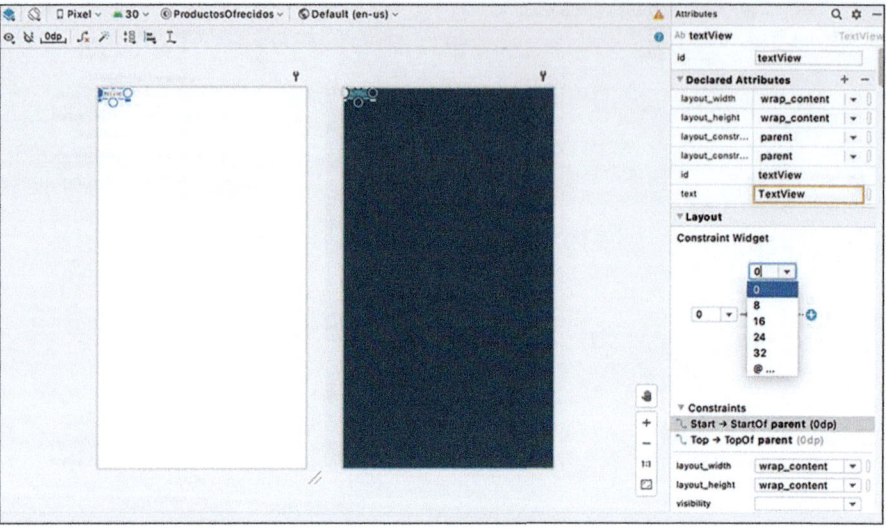

Fíjate cómo podemos establecer el margen de la Constraint superior.

Podremos seleccionar uno de los valores que nos da por defecto o personalizarlo de forma manual.

Otra opción consiste en arrastrar el componente por la *Activity* hasta situarlo en el punto que deseemos.

 **VÍDEO**

Visualiza el siguiente vídeo para ver cómo colocar el componente de forma manual:

https://redirectoronline.com/ifcm018po0205

EJEMPLO

Supongamos que la aplicación que vamos a hacer para BarraLibre debe tener
un logotipo. Este lo crearemos con un *ImageView*, a la izquierda, con una distancia al margen izquierdo de 25dp y una distancia de 20dp al margen superior.
Además, justo al lado del logotipo deseamos colocar un título con un *TextView*
a 30dp del logotipo y 60dp del padre o margen superior.

El resultado debe quedar de la siguiente forma:

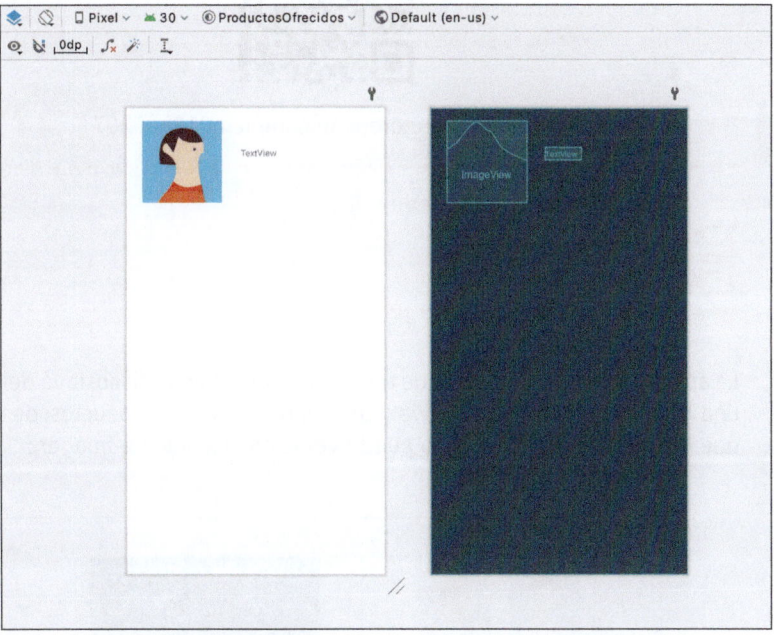

Visualiza el siguiente vídeo para ver cómo se ha llegado al resultado:

https://redirectoronline.com/ifcm018po0206

SABÍAS QUE...

Para eliminar una *Constraint,* tan solo debes hacer clic en la línea de dicha *Constraint* y luego pulsar la tecla de suprimir del teclado. Visualiza el siguiente vídeo para obtener más información:

https://redirectoronline.com/ifcm018po0207

 ## TAREA 2

La aplicación de BarraLibre debe tener, al cargarse en el dispositivo del usuario, una *Activity* con cuatro *ImageView* con imágenes de sus productos, de tal forma que queden distribuidos como puede verse en la siguiente imagen:

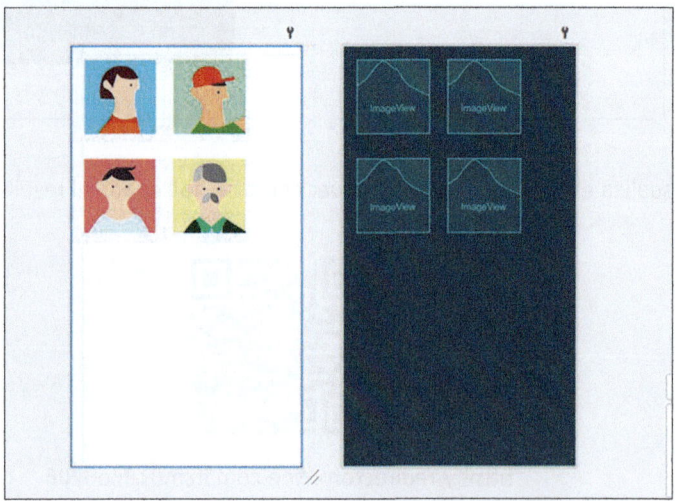

Continúa en página siguiente >>

<< Viene de página anterior

La distancia de los *ImageView* de la primera fila con respecto a la parte superior del *Parent* es de 24 dp.

El primer *ImageView* de la primera fila deberá disponer de una distancia con respecto a la izquierda del *Parent* de 24dp. La distancia entre los dos *ImageView* de la primera fila será de 32dp.

La distancia de los *ImageView* de la segunda fila con respecto a los de la primera fila deberá ser de 45dp.

Crea una *Activity* con las indicaciones proporcionadas.

Nota: Las imágenes utilizadas son las proporcionadas por el propio *Android Studio*.

4.5. Agregando una imagen a la aplicación

En el anterior apartado hemos visto cómo agregar a una *Activity* un *ImageView*. Este componente de *Android* permite mostrar una imagen. Anteriormente hemos utilizado una imagen de ejemplo, pero ahora verás cómo se agrega una imagen personalizada.

Los tipos de archivos que puedes utilizar como imágenes en una aplicación de *Android* son JPG o PNG.

NOTA

Los nombres de los archivos de imagen a utilizar en un proyecto *Android* no pueden contener espacios en blanco, tildes ni la letra eñe.

El procedimiento para colocar una imagen en el proyecto es el siguiente:

1. **Copiar la imagen en el portapapeles:** busca en tu PC la imagen, selecciónala, pulsa **Botón Derecho → Copiar** o simplemente pulsa [Ctrl] + [C].

2. **Selecciona la carpeta *drawable* del proyecto:** busca en el explorador de proyectos la carpeta *drawable* y haz clic sobre ella.

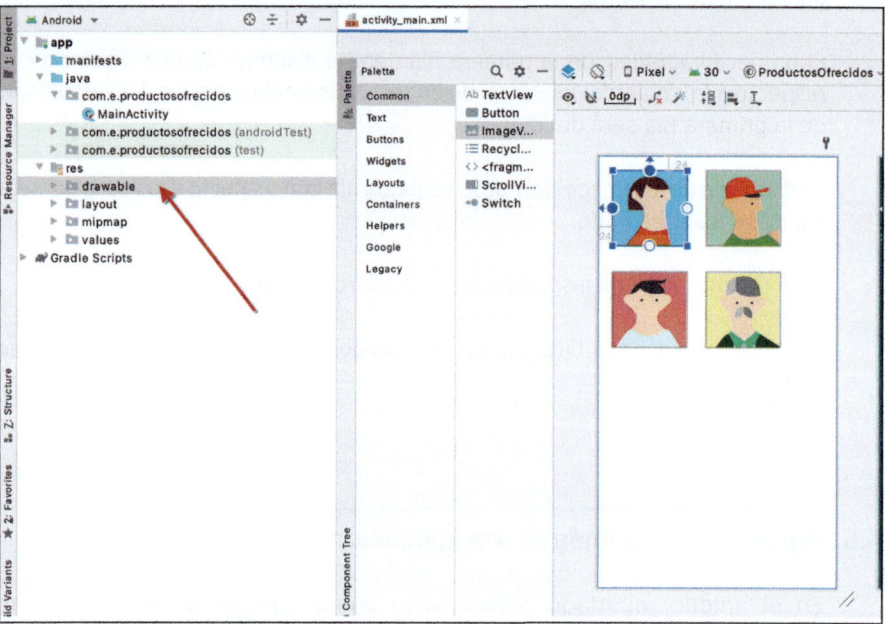

3. **Pega la imagen:** pulsa el botón derecho y selecciona *Pegar* o directamente pulsa [Ctrl] + [V].
4. **Selecciona el *ImageView:*** selecciona en la *Activity* el *ImageView* donde quieres que aparezca la imagen para mostrar.
5. **En la propiedad del *ImageView srcCompat* busca la imagen:** en el cuadro de propiedades del *ImageView* haz clic en la propiedad *srcCompat* y busca la imagen que se acaba de cargar.

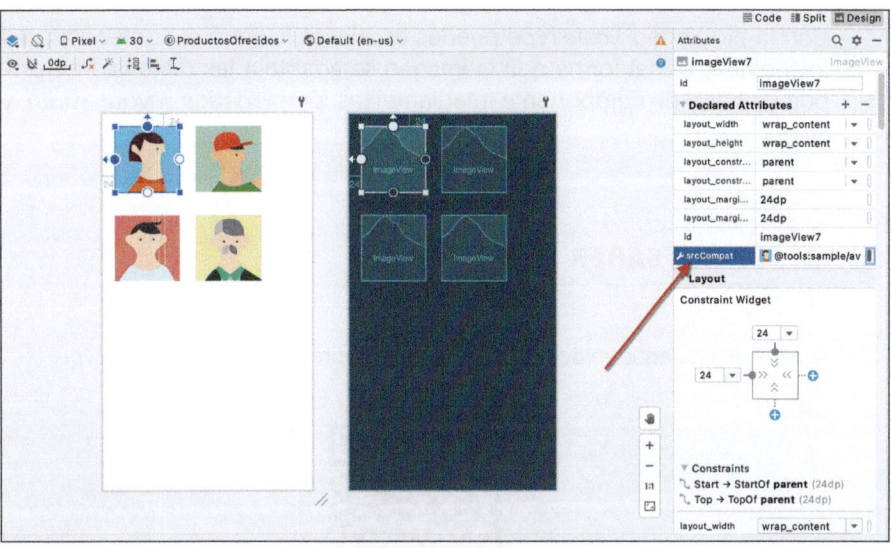

Modificar dimensiones de una imagen

Para poder modificar las dimensiones del contenedor de imagen *ImageView*, se podrán utilizar las propiedades *layout_width* y *layout_height*.

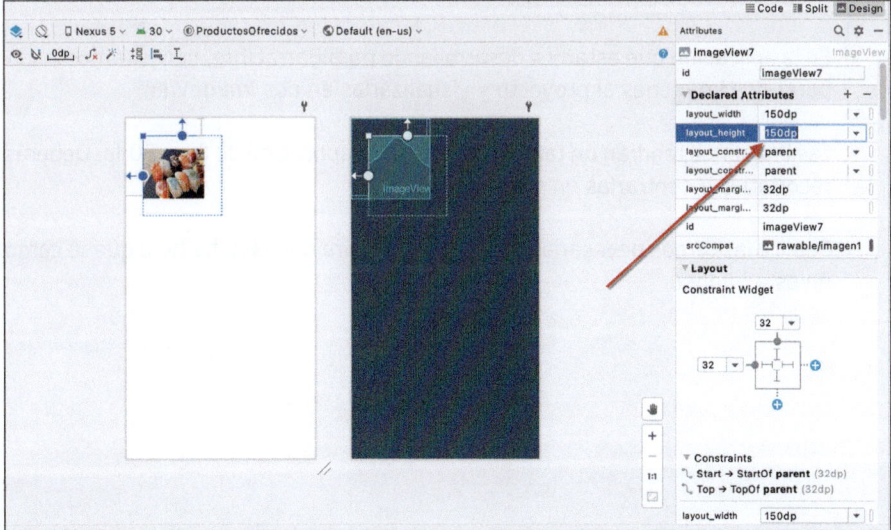

Con la propiedad *ScaleType* puedes escalar la imagen al contenedor del *ImageView*, de tal forma que la imagen se adapte a las dimensiones proporcionadas al componente mediante las propiedades *layout_width* y *layout_height.*

 PARA SABER MÁS

Accede al siguiente enlace para saber más sobre la propiedad *ScaleType:*

https://redirectoronline.com/ifcm018po0209

 TAREA 3

En la aplicación que estamos desarrollando para BarraLibre, necesitamos incorporar dos imágenes al proyecto y visualizarlas en dos *ImageView.*

Las imágenes tendrán un tamaño dentro de la aplicación de 80 × 80dp. Deberás recortarlas y centrarlas en su contenedor.

Realiza las tareas necesarias en el proyecto para que la *Activity* te quede como en esta imagen:

Continúa en página siguiente >>

<< Viene de página anterior

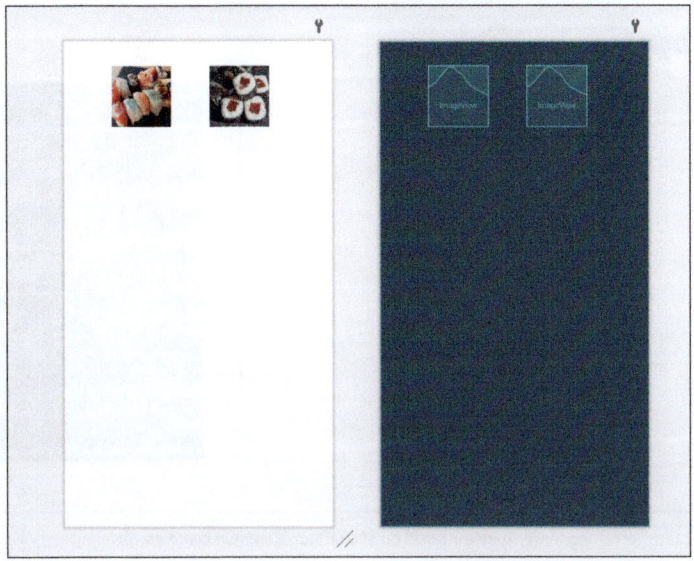

4.6. El componente *TextView*

El componente *TextView* es otro de los elementos más utilizados en cualquier aplicación de *Android,* ya que permite mostrar texto en la *Activity.*

Este componente se puede localizar tanto en la categoría *Common* como en la categoría *Text.*

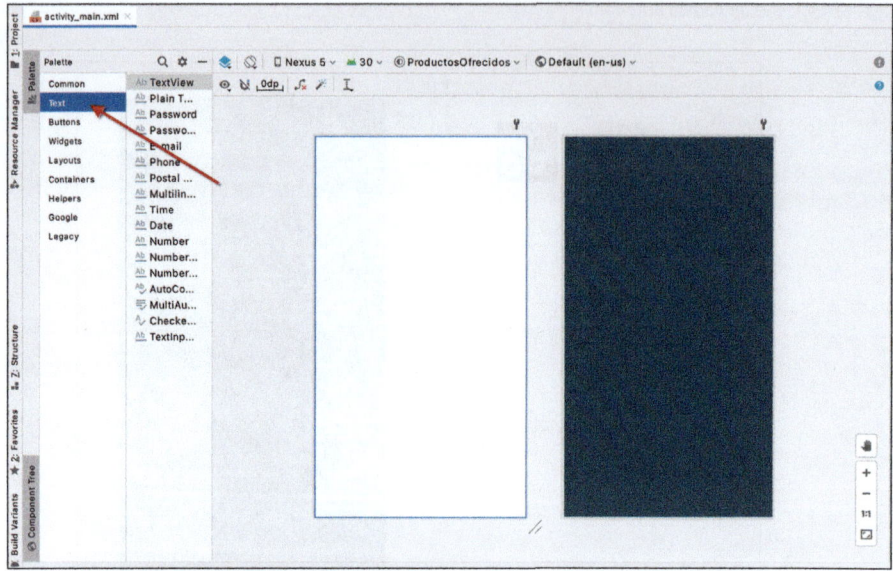

Podrás localizar el componente TextView tanto en el apartado Common como en Text.

Las principales propiedades de un *TextView* son las siguientes:

➲ **Id:** permite identificar de forma inequívoca cada uno de los *TextView,* es muy útil para la codificación.
➲ *fontFamily:* para indicar el tipo de fuente.
➲ *textColor:* para indicar el color de la fuente.
➲ *Clickable:* permite indicar que el *TextView* responda al evento clic.
➲ *Capitalize:* para iniciar palabras o frases en mayúscula.
➲ *textAlignment:* permite alinear el texto a su contenedor.
➲ *textStyle:* podremos activar fuentes en negrita, cursiva y convertir el texto a mayúscula.
➲ *textSize:* permite indicar el tamaño de la fuente.
➲ *Text:* podemos indicar con ella el texto que queremos mostrar por la *TextView.*

Rotación de un *TextView*

Una de las nuevas incorporaciones a la aplicación *Android Studio* es la utilidad *Transform,* que nos permite rotar un texto.

Para rotar un texto, dirígete a las propiedades de *TextView* y busca el apartado *Transforms,* donde podrás mover el texto en sus ejes (x-y-z).

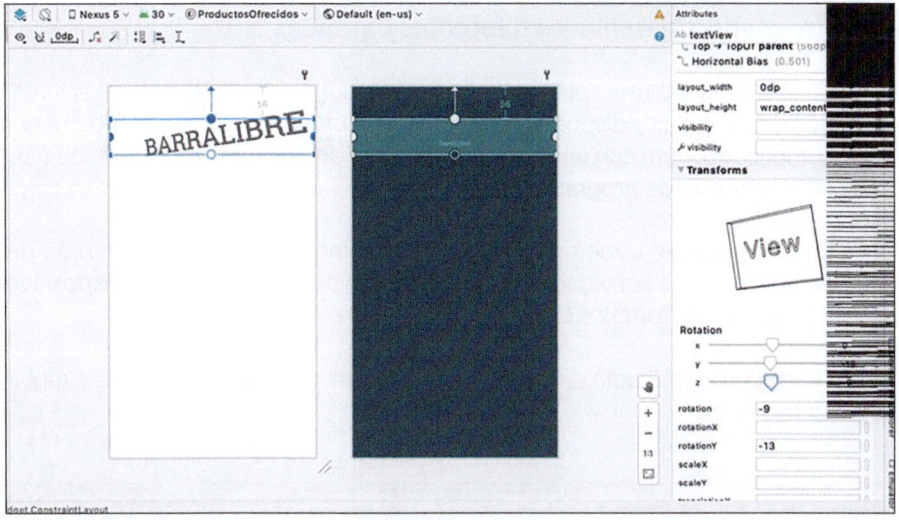

Con Transforms podremos rotar un texto sobre sus ejes

 **TAREA 4**

Para completar la primera *Activity* de la aplicación de BarraLibre, debemos incorporar una serie de imágenes y textos, de tal forma que queden como en la imagen que mostramos a continuación.

Crea una actividad para que la parte visual quede lo más parecida posible a la siguiente imagen:

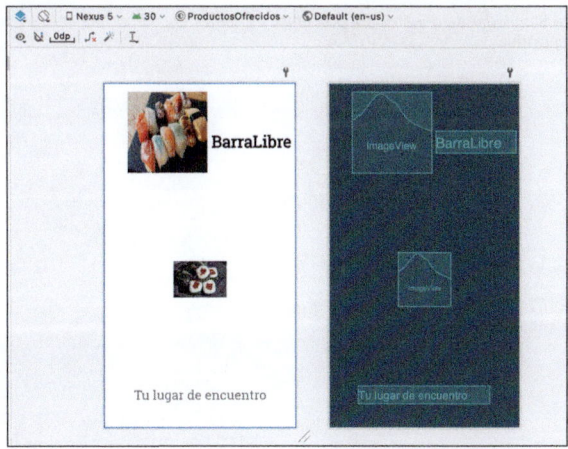

4.7. Adaptando la *Activity* a diferentes pantallas

En la actualidad una aplicación *Android* se debe adaptar a diferentes tamaños de pantallas y dispositivos, algo que en un pasado era tremendamente complicado. Pero con las actuales versiones de *Android Studio* se hace bastante cómodo de programar.

En primer lugar, deberemos comprobar cómo se adapta el contenido de cada una de las actividades de la aplicación cuando giramos el dispositivo y pasamos de *Portrait* a *Landscape*.

Desde *Android Studio* disponemos de una utilidad que nos permite simular dichas vistas.

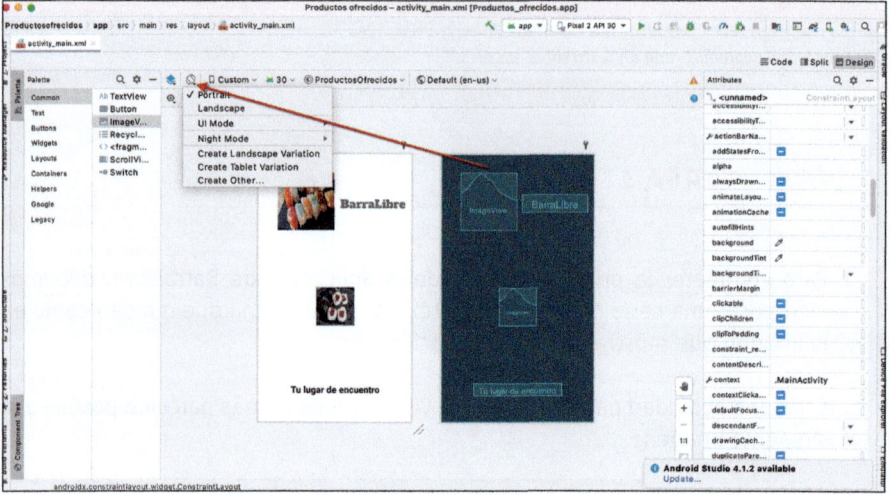

Con la herramienta Simulador de orientación, podremos visualizar el comportamiento de la Activity en los cambios de posición del dispositivo.

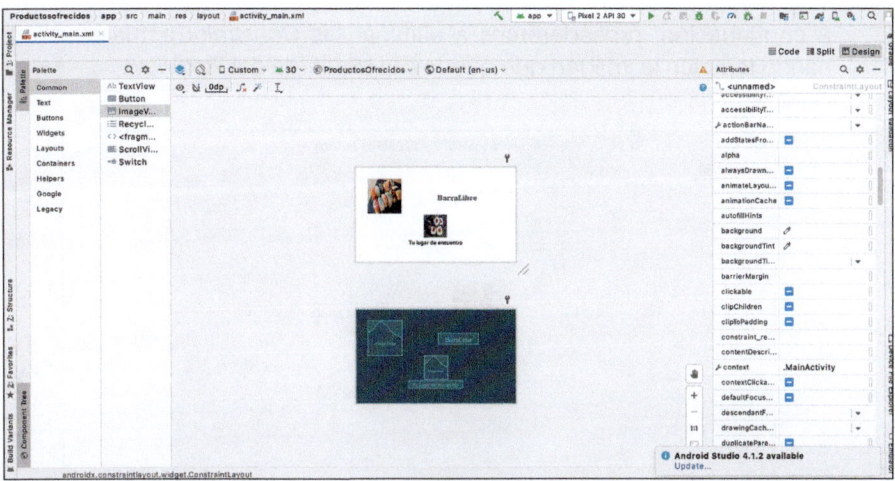

Por ejemplo, es posible visualizar la Activity en Landscape.

🖉 DEFINICIÓN

Portrait
Se da cuando el dispositivo se encuentra en posición vertical.

Landscape
Se da cuando el usuario gira el dispositivo en posición horizontal.

Supongamos que, siguiendo las indicaciones de BarraLibre, deseamos que cuando el usuario gire el dispositivo a *LandScape,* la *Activity* creada en el ejercicio anterior se modifique: el *TextView* que contiene el texto BarraLibre quedaría en la parte superior ocupando todo el ancho del dispositivo, eliminando la imagen que colocamos al principio de la *Activity.*

En la herramienta *Orientation,* seleccionamos *Create Landscape Variation.*

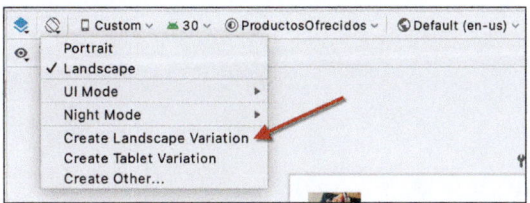

A continuación, procederemos a eliminar las *Constraint* actuales, eliminando también la imagen que queda a la izquierda del *TextView.*

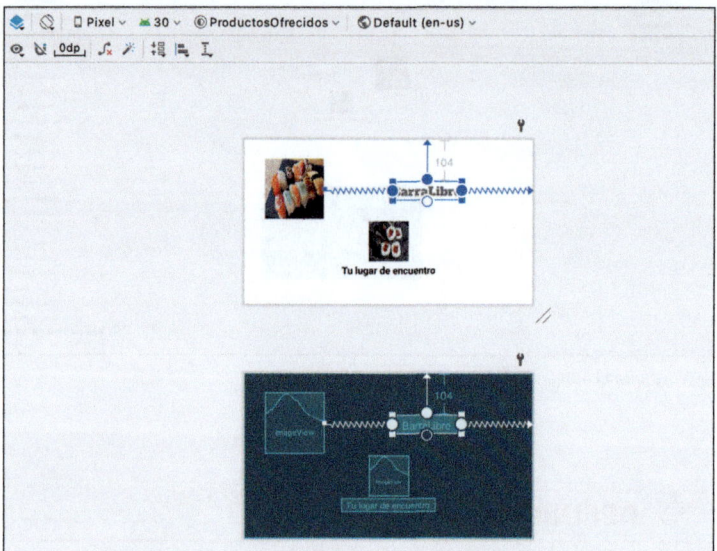

 **RECUERDA**

Para eliminar una **Constraint,** deberás ir seleccionando cada una de ellas, pulsando la tecla de suprimir o de retroceso.

Colocamos a continuación las nuevas *Constraint.*

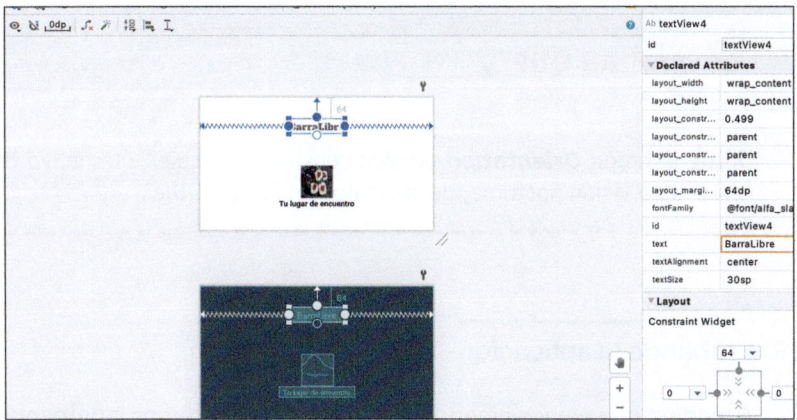

✎ NOTA

Para que el *TextView* o cualquier otro componente ocupe todo el ancho de la *Activity*, deberás establecer la propiedad *layout_width* al valor 0dp *(match constraint)*.

- -

Si ahora abrimos en el explorador de proyectos la carpeta *layout,* encontraremos dos archivos XML de la *Activity:* uno corresponde a la vista en *Portrait* y otro a la vista en *Landscape,* que se activarán a demanda del usuario de la aplicación.

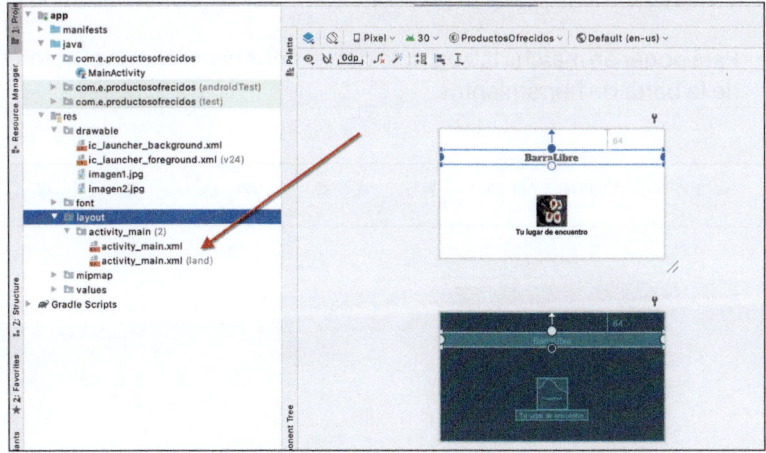

SABÍAS QUE...

Desde el botón **Orientation** puedes construir cualquier alternativa de vista, como la de visión nocturna, desde la opción *Create Other.*

4.8. Probando la aplicación

A medida que vamos creando la aplicación, deberemos ir probándola con el fin de depurar posibles errores. Para ello, contamos con dos opciones:

◌ **Utilización de un simulador:** para ello deberemos tener cargado en *Android Studio* algún AVD *(Android Virtual Device),* tal y como se indicó al inicio de esta unidad.

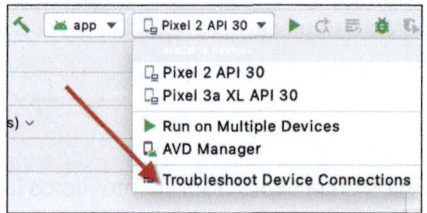

◌ **Utilización de un dispositivo físico:** deberemos conectar vía USB un dispositivo al ordenador donde está instalado *Android Studio.* El dispositivo deberá disponer de la opción de desarrollador activada.

Para poner en marcha la app, solo deberemos hacer clic en el botón **Ejecutar** de la barra de herramientas.

SABÍAS QUE...

También es posible poner en marcha la aplicación seleccionando **app** desde el menú *Run → Run.*

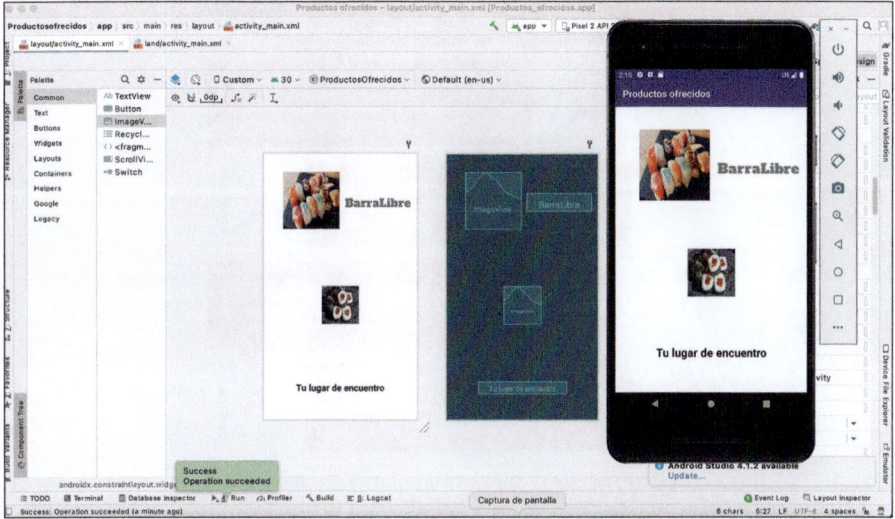

Simulador una vez ejecutada la aplicación

El simulador dispone de una barra de herramientas a su izquierda con las siguientes utilidades:

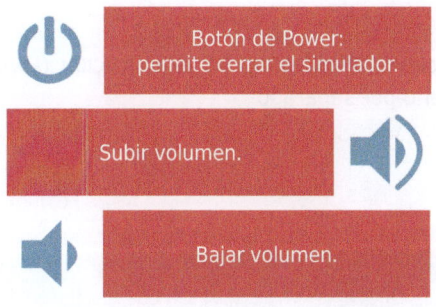

Botón de Power: permite cerrar el simulador.

Subir volumen.

Bajar volumen.

Continúa en página siguiente >>

<< Viene de página anterior

Cuando una aplicación se vaya a probar varias veces en una sesión, no conviene apagar el simulador, ya que este se toma unos minutos en cargar cada vez que se solicita.

 **NOTA**

Si deseas probar varias vistas de la aplicación *(Landscape,* nocturna, etc.), deberás hacerlo por separado.

5. Resumen

Para desarrollar aplicaciones en *Android* necesitamos un entorno de programación que nos permita desarrollar tanto la parte visual de la aplicación como la parte de programación.

Google, propietario de *Android,* nos ofrece una herramienta gratuita que nos permite realizar cualquier tipo de aplicación. Esta herramienta se denomina *Android Studio.*

Android Studio se debe descargar desde la web oficial.

Una vez instalado *Android Studio*, ya podremos empezar a desarrollar aplicaciones para cualquier tipo de dispositivo (móvil, tableta, *Smartwatch, Smart TV,* etc.).

Una aplicación tiene un ciclo de vida que se inicia cuando el usuario pone en marcha la aplicación. En ese momento el sistema inicia un proceso *Linux,* y cuando el usuario cierra la aplicación, este procedimiento y el espacio reservado de memoria no se libera de inmediato, sino hasta que es solicitado por otra aplicación.

Por eso es muy común que los usuarios dispongan en sus dispositivos de aplicaciones que liberan al terminal del espacio no utilizado de la memoria.

Cada vez que una aplicación cambia de estado, se generan una serie de eventos que pueden ser capturados por métodos de aplicación.

Los eventos que se generan cuando una aplicación cambia de estado son:

Una aplicación de *Android* tiene una parte visual que se compone de una serie de componentes que se disponen dentro del objeto principal denominado *Activity.*

Una *Activity* es un documento XML que permite la interactividad con el usuario. Dentro de este objeto se pueden agregar otros elementos localizados en la paleta de *Android Studio,* agrupados en las categorías de:

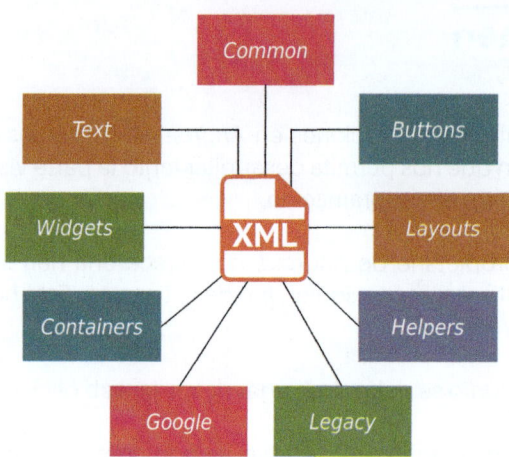

Los elementos se distribuyen en la *Activity* a través de las *Constraints,* que permiten "fijar" un elemento con otro.

Cada elemento debe tener al menos una *Constraint* que fije el componente en la parte superior y otra *Constraint* que los fije en el margen izquierdo o en el derecho.

Los componentes más elementales de *Android* son:

◗ *TextView:* permite mostrar información de tipo texto.
◗ *ImageView:* permite mostrar una imagen; esta imagen deberá de ser JPG o PNG.

Ejercicios de autoevaluación
Unidad de Aprendizaje 2

1. ¿Qué es *Android Studio?*

    a. Una aplicación gratuita para desarrollar aplicaciones en cualquier lenguaje.
    b. Una aplicación de pago para desarrollar aplicaciones para móvil.
    c. Una aplicación de pago para desarrollar aplicaciones para *Android.*
    d. Una aplicación gratuita para desarrollar aplicaciones para *Android.*

2. ¿En qué sistemas se puede instalar *Android Studio?*

    a. *Windows*
    b. *Mac OS*
    c. *Linux*
    d. Todas las opciones son correctas.

3. Determina si la siguiente afirmación es verdadera o falsa: "Con *Android Studio,* se pueden desarrollar aplicaciones para *Smart TV".*

    ■ Verdadero
    ■ Falso

4. Para desarrollar aplicaciones en *Android Studio,* ¿qué lenguaje debemos elegir?

    a. *Kotlin*
    b. *Java*
    c. *PHP*
    d. *Kotlin* y *Java*

5. ¿Cuándo finaliza la vida o ciclo de una actividad de *Android?*

    a. Cuando otra aplicación requiere el espacio de memoria.
    b. Cuando el usuario finaliza la aplicación.

c. Cuando el usuario contesta una llamada telefónica.

d. Nunca.

6. El componente principal de cualquier aplicación de *Android* se denomina...

a. ... *TextView.*

b. ... *ImageView.*

c. ... *Activity.*

d. ... *Constraint.*

7. Determina si la siguiente oración es verdadera o falsa: "Como mínimo, un componente debe tener una *Constraint* que una dicho componente con la parte superior o inferior y otra que lo una con la parte izquierda o derecha".

■ Verdadero

■ Falso

8. ¿Cómo se denomina el elemento de *Android* que permite mostrar *text*?

a. *Text*

b. *View*

c. *TextView*

d. *ViewText*

9. ¿Dónde podemos probar una aplicación?

a. En un simulador.

b. En un dispositivo físico.

c. En un simulador y en un dispositivo físico.

d. Hay que subirla a la tienda de *Google*.

10. Determina si la siguiente oración es verdadera o falsa: "Es posible con *Android Studio* crear diferentes layouts para distintas vistas".

■ Verdadero

■ Falso

Actividades: servicios, intenciones, proveedores de contenido

Contenido

1. Introducción
2. Actividades
3. Los *intents*
4. Proveedores de contenidos
5. Resumen

Objetivos

Los objetivos generales de esta Unidad de Aprendizaje son:

→ Conocer los diferentes tipos de *Activities* que ofrece *Visual Studio*.

→ Descubrir los servicios que se pueden invocar en una aplicación *Android*.

Los objetivos específicos de esta Unidad de Aprendizaje son:

→ Saber crear diferentes tipos de actividades.

→ Conocer los servicios de *Android*.

→ Conocer cómo activar el servicio de la cámara de un dispositivo.

→ Saber cómo activar una nueva *Activity* a petición del usuario.

→ Pasar datos entre actividades.

1. Introducción

Ya en la unidad anterior hemos visto la utilidad de las *Activity* y de la importancia que tienen en cualquier aplicación *Android.* Utilizamos la *Activity* más elemental para aprender a construir una vista con *Constraint,* pero *Android Studio* dispone de más plantillas de actividades que permiten una mayor interactividad con el usuario.

La aplicación que vamos a desarrollar para BarraLibre debe permitir navegar entre varias actividades que permitan visualizar todos los productos que comercializa. Para ello, aprenderemos a cargar y pasar datos a través de estas actividades; es lo que se denomina intenciones o *intents.*

Además, la aplicación debe disponer de un mapa de ubicación del negocio de BarraLibre, que tendremos que solicitar a través del servicio *Google Maps,* por lo que habrá que aprender sobre los servicios que podemos incluir en una aplicación *Android.*

2. Actividades

☞ HILO CONDUCTOR

En la unidad anterior vimos la importancia de las actividades dentro de un proyecto *Android.* Hemos utilizado la *Empty Activity* para desarrollar una actividad básica; en esta unidad vamos a aprender a usar las plantillas de actividad más avanzadas que nos ofrece *Android Studio.*

BarraLibre nos ha pedido que desarrollemos una aplicación en la que el usuario disponga de un botón flotante para enviar mensajes de consulta a la empresa. Para ello, vamos a utilizar las plantillas que nos ofrece *Android Studio.*

Comenzaremos a trabajar la interactividad del usuario. Ya no basta con crear la parte visual de la aplicación; ahora deberemos programar los eventos necesarios para que esta aplicación responda a dicha interactividad.

RECUERDA

A la hora de desarrollar una aplicación con *Android Studio* debemos elegir entre el lenguaje *Kotlin,* más actual y el oficial de *Google,* o en lenguaje *Java.* Ya indicamos que en este material vamos a utilizar el lenguaje *Kotlin.*

Siguiendo las indicaciones de BarraLibre, debemos crear una actividad que disponga de un botón flotante. Por eso, a la hora de seleccionar el tipo de *Activity,* debemos elegir *Basic Views Activity,* que integra ya este botón.

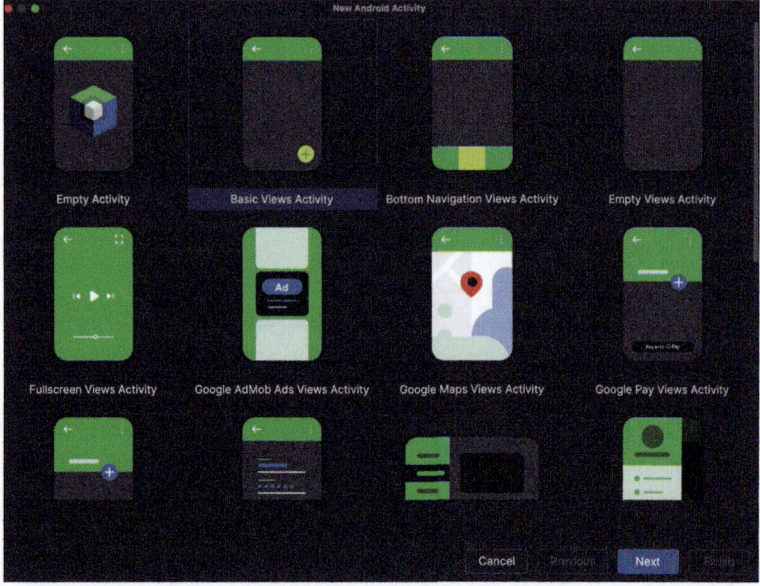

Una vez que creamos la actividad, encontraremos el siguiente conjunto de archivos generados por *Android Studio* y que podemos ver a través del explotador del proyecto:

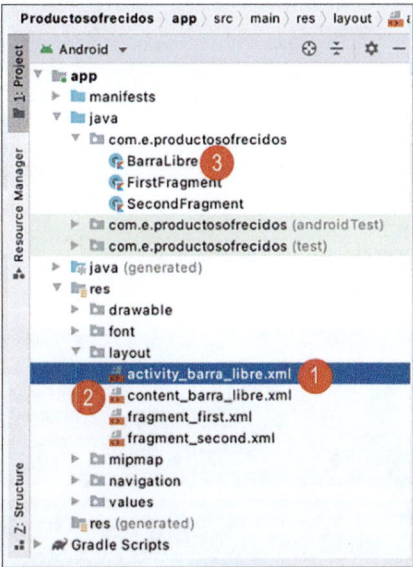

1. **"Activity_barra_libre.xml":** es el archivo principal de la vista, aquí se encuentran definidas sus características principales, así como el botón flotante.
2. **"Content_barra_libre.xml":** archivo donde el desarrollador puede configurar el contenido de la actividad.
3. **Archivo "Kotlin":** donde deberá desarrollar el código de la aplicación.

2.1. Servicios

En muchas ocasiones podremos hacer uso de componentes de aplicación que suelen actuar en segundo plano. Estos componentes son los denominados **servicios.**

 **DEFINICIÓN**

Servicio
Es un componente de una aplicación que puede realizar operaciones de larga ejecución en segundo plano y que no proporciona una interfaz de usuario. Por ejemplo, un servicio puede manejar transacciones de red, reproducir música,

Continúa en página siguiente >>

<< Viene de página anterior

realizar I/O de archivos o interactuar con un proveedor de contenido, todo en segundo plano.

Existen tres tipos de servicios:

Primer plano
- Un servicio en primer plano realiza una operación que el usuario puede notar. Por ejemplo, una aplicación de audio usa un servicio en primer plano para reproducir una pista de audio.

Segundo plano
- Un servicio en segundo plano realiza una operación que el usuario no nota directamente. Por ejemplo, si una aplicación usa un servicio para comprimir su almacenamiento, suele tratarse de un servicio en segundo plano.

Enlace
- Un servicio de enlace ofrece una interfaz cliente-servidor que permite que los componentes interactúen con el servicio, envíen solicitudes, reciban resultados e incluso lo hagan en distintos procesos con la comunicación entre procesos.

Vamos a ver a continuación algún ejemplo de servicios que puedes utilizar en las aplicaciones.

Notificaciones. El servicio *toast*

Unos de los servicios que más frecuentemente se utilizan en cualquier aplicación son las notificaciones. Estas consisten en mostrar al usuario varias advertencias o permisos para realizar algún tipo de tareas.

Supongamos que deseamos crear una aplicación para BarraLibre en la que el usuario introduzca su nombre en un *EditText*. Posteriormente deberá pulsar sobre un *Button* y, tras escuchar el clic, la aplicación deberá mostrar un saludo.

NOTA

Toast es un servicio que muestra al usuario una notificación. Podremos elegir entre mantenerla un tiempo visible corto o largo de tiempo en pantalla.

- -

La aplicación dispondrá de dos fases de desarrollo: la visual o diseño de la interfaz de usuario y la parte de programación en *Kotlin.*

En la **fase visual** diseñaremos la interfaz del usuario teniendo en cuenta que este desarrollo visual debe incluir todos los posibles perfiles de dispositivos a los que va enfocada la aplicación (móvil, tableta, etc.).

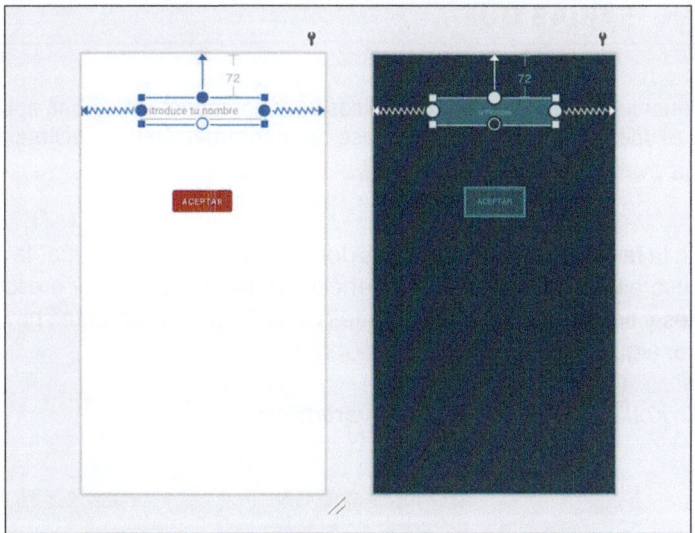

El desarrollo de la parte visual es importante, ya que es la parte que el usuario visualiza al abrir nuestra aplicación.

En la *Activity,* hemos incluido el *EditText* y el *Button.* Veamos cuáles son las propiedades que debemos modificar para esta aplicación en cada uno de los dos componentes:

- ⊃ *EditText:* este componente permite al usuario introducir información en la aplicación; en este caso, su nombre.

Las propiedades más importantes de este componente son:

- ☣ ID: identificador del componente para más adelante hacer referencia a él en la parte de programación. El ID debe comenzar por un carácter alfabético, no puede contener la letra eñe ni tildes y tampoco espacios en blanco. En este caso lo hemos llamado txtNombre.
- ☣ *Hint:* esta propiedad es una ayuda al usuario, puede ser cualquier texto que permita orientar a nuestro usuario sobre la información que debe introducir.

- ⊃ ***Button:*** este componente permite escuchar clic para desencadenar acciones. La propiedad más importante, como en el caso anterior, es el ID, que posibilita identificar más adelante a este componente; en esta aplicación lo hemos denominado btnAceptar.

SABÍAS QUE...

Poner identificadores nemotécnicos a los componentes de una aplicación te va a ayudar a identificarlos en la fase de programación más fácilmente.

En la **fase de programación** es donde realmente se "cocina" la app. En este caso es una aplicación muy sencilla; debemos aprender a escuchar botones y acceder a los componentes de la *Activity,* pero antes hay que aprender algunos aspectos básicos sobre *Kotlin*.

En *Kotlin* existen dos **tipos de variables:**

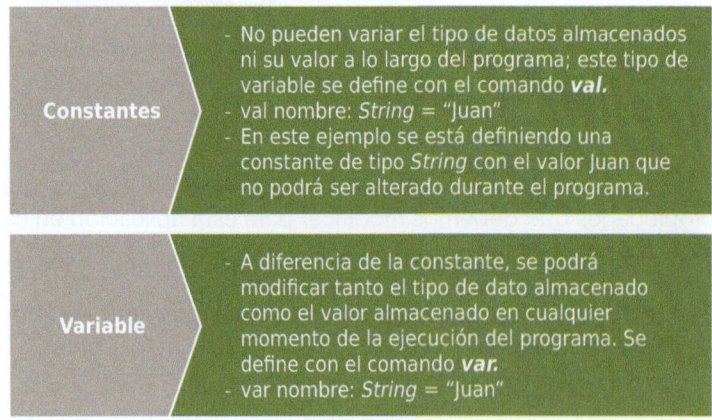

Constantes	- No pueden variar el tipo de datos almacenados ni su valor a lo largo del programa; este tipo de variable se define con el comando ***val.*** - val nombre: *String* = "Juan" - En este ejemplo se está definiendo una constante de tipo *String* con el valor Juan que no podrá ser alterado durante el programa.
Variable	- A diferencia de la constante, se podrá modificar tanto el tipo de dato almacenado como el valor almacenado en cualquier momento de la ejecución del programa. Se define con el comando ***var.*** - var nombre: *String* = "Juan"

SABÍAS QUE...

A diferencia de otros lenguajes de programación, las líneas de programa en *Kotlin* no terminan en punto y coma.

Los **tipos de datos básicos** en *Kotlin* son:

- ➲ **Long:** dato de tipo numérico entero de 64 bit.
- ➲ **Short:** dato numérico que puede almacenar valores enteros en el rango de -32.3768 a 32.768.
- ➲ **Double:** dato numérico de coma flotante de 64 bit.
- ➲ **Boolean:** dato lógico que puede almacenar uno de los siguientes valores: *true* o *false*.
- ➲ **Float:** dato numérico de coma flotante de 32 bit.
- ➲ **Byte:** dato de tipo numérico entero de 8 bit.
- ➲ **Int:** dato de tipo numérico entero de 32 bit.
- ➲ **String:** almacena cualquier tipo de cadena.

Instanciando los componentes

Ya conocemos cómo declarar variables en *Kotlin*. Comencemos ahora a crear nuestra aplicación. Lo primero que vamos a hacer es instanciar a través de variables los componentes que integran la *Activity*.

A través del explorador del proyecto abriremos el archivo "BarraLibre.kt."

```
package com.e.productosofrecidos

import ...

class BarraLibre : AppCompatActivity() {

    override fun onCreate(savedInstanceState: Bundle?) {
        super.onCreate(savedInstanceState)
        setContentView(R.layout.activity_barra_libre)
        setSupportActionBar(findViewById(R.id.toolbar))

        findViewById<FloatingActionButton>(R.id.fab).setOnClickListener { view ->
            Snackbar.make(view, text: "Replace with your own action", Snackbar.LENGTH_LONG)
                .setAction( text: "Action", listener: null).show()
        }
    }
}
```

Código predefinido de BarraLibre.kt

En el código podremos ver lo siguiente:

```kotlin
content_barra_libre.xml    BarraLibre.kt
1     package com.e.productosofrecidos
2
3     import ...
7
8     class BarraLibre : AppCompatActivity() {
9
10        override fun onCreate(savedInstanceState: Bundle?) {
11            super.onCreate(savedInstanceState)
12            setContentView(R.layout.activity_barra_libre)
13            setSupportActionBar(findViewById(R.id.toolbar))
14
15            findViewById<FloatingActionButton>(R.id.fab).setOnClickListener { view ->
16                Snackbar.make(view, text: "Replace with your own action", Snackbar.LENGTH_LONG)
17                    .setAction( text: "Action", listener: null).show()
18            }
19        }
20    }
```

Cuando se crea la actividad *(onCreate)* se vincula la parte visual del archivo XML con el código *Kotlin* (línea 12).

En la línea 15 se le da actividad al botón flotante que se creó al seleccionar este tipo de *Activity* y que veremos más adelante.

Dentro de la función *onCreate,* vamos a comenzar a instanciar los dos componentes, *EditText* y *Button.*

Para instanciar el *EditText* utilizaremos la siguiente sintaxis:

```
var nombreUsuario:EditText = findViewById(R.
id.txtNombre)
```

NOTA

Definimos una variable del tipo del componente *(EditText)* y mediante *find-ViewB Id* lo vinculamos al *EditeText* que identificamos en la parte visual de la *Activity.*

A partir del momento en que instancias un componente a través de la variable que has definido, puedes modificar cualquiera de sus propiedades y programar eventos de dicho componente.

De la misma forma, instanciaremos el *Button*.

```
var botonAceptar:Button = findViewById(R.id.btnAceptar)
```

Escuchando el evento clic

Ahora, deberemos escuchar el evento clic del botón. Para ello, codificamos dicho evento en *Kotlin*.

```
content_barra_libre.xml ×   BarraLibre.kt ×
1    package com.e.productosofrecidos
2
3    import ...
9
10   class BarraLibre : AppCompatActivity() {
11
12       override fun onCreate(savedInstanceState: Bundle?) {
13           super.onCreate(savedInstanceState)
14           setContentView(R_layout_activity_barra_libre)
15           setSupport    setOnApplyWindowInsetsListener(listener…    Unit
16                         setOnApplyWindowInsetsListener(listener…    Unit
17           findViewBy:   setOnApplyWindowInsetsListener { View?,…    Unit   ier { view ->
18               Snackb   setOnCapturedPointerListener(l: View.On…    Unit   Snackbar.LENGTH_LONG)
19                         setOnCapturedPointerListener(l: ((View!…    Unit
20           }             setOnCapturedPointerListener { View?, M…    Unit
21                         setOnClickListener(l: View.OnClickListe…    Unit
22           //Instanci    setOnClickListener {...} (l: ((View!) -> Unit)?)   Unit
23           var nombre    setOnContextClickListener(l: View.OnCon…    Unit
24           var botonA    setOnContextClickListener {...} (l: ((V…    Unit
25                         setOnCreateContextMenuListener(l: View.…    Unit
26           botonAceptar.setO    setOnCreateContextMenuListener(l: ((Con…  Unit
27                         Press ↵ to insert, → to replace                    ⋮
28       }
29   }
```

Después seleccionaremos *setOnClickListener* de la lista de eventos ofrecidos por *Visual Studio*.

SABÍAS QUE...

Android Studio te muestra un listado de todos los posibles eventos en cuanto comenzamos a escribir sus iniciales.

- -

```
22    //Instanciamos los componentes//
23    var nombreUsuario:EditText = findViewById(R.id.txtNombre)
24    var botonAceptar:Button = findViewById(R.id.btnAceptar)
25
26    botonAceptar.setOnClickListener {   it: View!
27        |
28    }
29
```

El código, una vez seleccionado el evento OnClickListener, queda como se muestra en la imagen.

Programando el servicio Toast

Para terminar, nos queda programar dentro del evento *setOnClickListener* la salida de la notificación a través del servicio *Toast*.

Los pasos que seguiremos para programar el saludo al usuario a través de *Toast* son los siguientes:

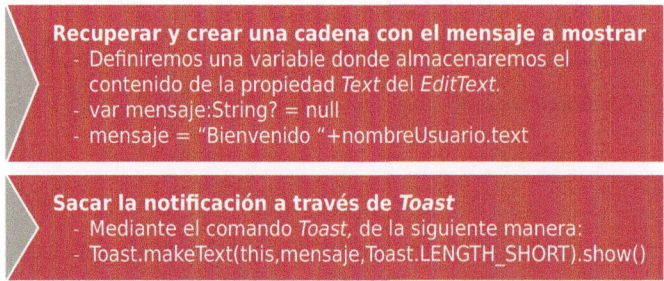

Recuperar y crear una cadena con el mensaje a mostrar
- Definiremos una variable donde almacenaremos el contenido de la propiedad *Text* del *EditText*.
- var mensaje:String? = null
- mensaje = "Bienvenido "+nombreUsuario.text

Sacar la notificación a través de *Toast*
- Mediante el comando *Toast*, de la siguiente manera:
- Toast.makeText(this,mensaje,Toast.LENGTH_SHORT).show()

A continuación se muestra la sintaxis correcta y la forma de ejecutar una notificación con *Toast:*

```
23        //Instanciamos los componentes//
24        var nombreUsuario:EditText = findViewById(R.id.txtNombre)
25        var botonAceptar:Button = findViewById(R.id.btnAceptar)
26
27        botonAceptar.setOnClickListener {  it: View!
28            var mensaje:String? = null
29            mensaje = "Bienvenido "+nombreUsuario.text
30            Toast.makeText( context: this,mensaje,Toast.LENGTH_SHORT).show()
31        }
```

⊃ **Línea 28:** definimos una variable llamada mensaje de tipo *String* con valor nulo.

⊃ **Línea 29:** cargamos en la variable mensaje el mensaje de bienvenida, agregando a la palabra de bienvenida el contenido de la propiedad *Text* del componente *EditText*.

⊃ **Línea 30:** mostramos a través de *Toast* el mensaje. *Toast* tiene tres argumentos de carácter obligatorio:

◑ Contexto: es el ámbito donde se muestra la notificación, en este caso la propia *Activity* que se invoca a través de *this* (esto).

◑ Mensaje: *string* a mostrar.

◑ Temporización: puede ser de permanencia en pantalla por un tiempo corto (Toast.LENGTH_SHORT) o largo (Toast.LENGTH_LONG).

Por último, a través del método *show,* se muestra la notificación.

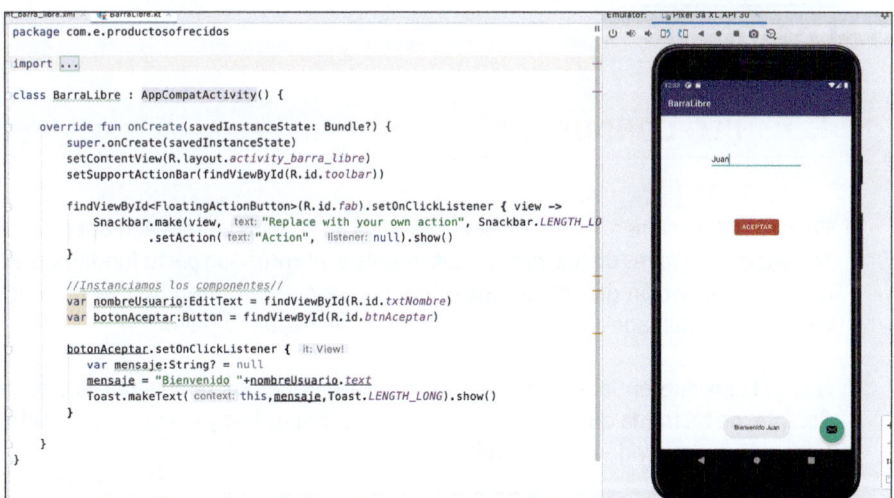

Al ejecutarlo, podremos ver cómo al escribir un nombre y pulsar sobre el botón se activa la notificación en la parte inferior del emulador.

NOTA

Cuando se define una variable con el tipo de dato terminado en ? la variable puede contener valores nulos.

APLICACIÓN PRÁCTICA

Necesitamos mostrar en una aplicación una notificación por un periodo de tiempo prolongado a través del servicio *Toast*. ¿Cuál es la sintaxis que debemos utilizar para mostrar esa notificación de forma correcta?

Solución

Toast admite en el último argumento dos valores: Toast.LENGTH.LONG para mostrar por tiempo prolongado o largo una notificación, o Toast.LENGTH.SHORT para mostrar mensajes por un tiempo corto.

---

3. Los *intents*

☞ HILO CONDUCTOR

En muchas ocasiones, hay que hacer llamadas a servicios u otras *Activities.* Esto se consigue a través de los *intents.* Los *intents* o intentos son parte fundamental en la programación de aplicaciones *Android,* ya que permiten utilizar todo un conjunto de utilidades, tanto en primer como en segundo plano.

Nos indican que en la aplicación de BarraLibre debemos programar el botón flotante, de tal forma que se active la cámara del dispositivo para posteriormente tomar una foto o vídeo dentro del local.

En este apartado vamos a ver cómo a través de los *intent* podremos llamar a servicios como la cámara, así como abrir nuevas *Activities,* incluso con la posibilidad de pasar datos de unas a otras.

Aprenderemos en primer lugar cómo indicar que nuestra app necesita cámara. Para ello, deberás incluir en tu fichero *manifest* la siguiente etiqueta:

```
<uses-feature android:name="android.hardware.camera"
android:required="false" />
```

NOTA

Si quieres que *Google Play* permita descargar tu aplicación en dispositivos sin cámara, deberás indicar en el argumento *required* a *false.*

El archivo "manifest" lo encontrarás en el explorador del proyecto, en su parte superior.

Posteriormente, dentro de la actividad, creamos la siguiente función, que llamará mediante un *intent* a la cámara:

```
36    private fun tomaFoto(){
37        Intent(MediaStore.ACTION_IMAGE_CAPTURE).also { TomaFotoIntent ->
38            TomaFotoIntent.resolveActivity(packageManager)?.also {  it: ComponentName
39                startActivityForResult(TomaFotoIntent, REQUEST_IMAGE_CAPTURE)
40            }
41        }
```

Esta función deberá ser llamada desde el procedimiento del clic del botón flotante.

Veamos el código completo:

```
14        val REQUEST_IMAGE_CAPTURE = 1
15        override fun onCreate(savedInstanceState: Bundle?) {
16            super.onCreate(savedInstanceState)
17            setContentView(R.layout.activity_barra_libre)
18            setSupportActionBar(findViewById(R.id.toolbar))
19
20            findViewById<FloatingActionButton>(R.id.fab).setOnClickListener { view ->
21                tomaFoto();
22            }
23
24            //Instanciamos los componentes//
25            var nombreUsuario:EditText = findViewById(R.id.txtNombre)
26            var botonAceptar:Button = findViewById(R.id.btnAceptar)
27
28            botonAceptar.setOnClickListener { it: View!
29                var mensaje:String? = null
30                mensaje = "Bienvenido "+nombreUsuario.text
31                Toast.makeText( context: this,mensaje,Toast.LENGTH_LONG).show()
32            }
33
34        }
35        private fun tomaFoto(){
36            Intent(MediaStore.ACTION_IMAGE_CAPTURE).also { TomaFotoIntent ->
37                TomaFotoIntent.resolveActivity(packageManager)?.also { it: ComponentName
38                    startActivityForResult(TomaFotoIntent, REQUEST_IMAGE_CAPTURE)
39                }
40            }
41        }
42    }
```

En la línea 21, llamamos a la función "toma foto"; dicha función hace una llamada al servicio de la cámara, tal y como se muestra en las indicaciones que hay en la web oficial de *Android,* en la sección correspondiente al servicio de cámara e *intents.*

PARA SABER MÁS

Si quieres saber más sobre cómo utilizar la cámara en *Kotlin,* visita la web oficial de *Android* en el siguiente enlace:

https://redirectoronline.com/ifcm018po0301

Para probar el código de activación de la cámara, deberás hacerlo con un dispositivo físico. Conecta tu móvil al ordenador y activa las opciones de desarrollador.

3.1. *Indent* de *Activity*

En este apartado vamos a conocer cómo podemos cargar una nueva *Activity* a petición del usuario, por ejemplo, cuando este pulsa un botón o elige una opción de menú.

Supongamos que se nos solicita que, cuando el usuario pulse el botón flotante, cargue una nueva actividad que permita al usuario mostrar la cámara, y una vez que la foto sea tomada, se muestre la misma en un componente *ImageView.*

La nueva *Activity* dispondrá de los siguientes componentes:

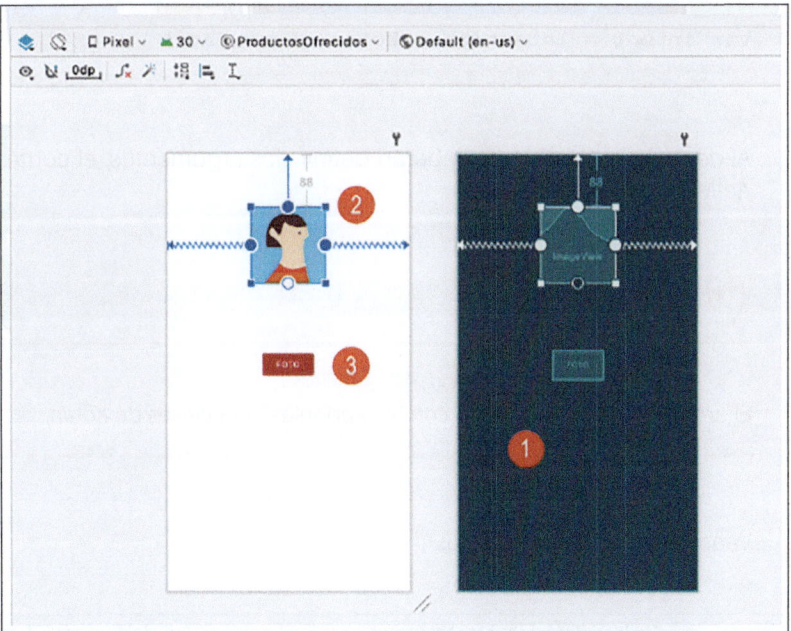

- ➲ *Activity:* que ha recibido al ser creada el nombre de "Foto", con lo que se habrán creado dos archivos: activity_foto.xml y foto.kt.
- ➲ *ImageView:* al que hemos puesto como identificador (id): imageFoto.
- ➲ *Button:* al que hemos puesto como identificador (id): btnFoto.

Ahora disponemos de dos *Activities:* la actividad principal que creamos al inicio, llamada BarraLibre, y esta segunda actividad a la que hemos denominado Foto.

Vamos a ver ahora cómo debemos cargar la actividad Foto cuando el usuario pulse sobre el botón flotante.

El comando que permite abrir una nueva actividad en *Kotlin* es:

```
startActivity(intent)
```

Dicho comando debe llevar como argumento una variable de tipo *Intent,* que definiremos de la siguiente manera:

```
var intent = Intent(this,Foto::class.java)
```

Al declarar la variable se deberán definir dos argumentos, el contexto y la *Activity* que deseamos abrir.

SABÍAS QUE...

El archivo *Kotlin* que se crea con las variables, son clases de *Kotlin*.

Veamos el código completo:

```
20    findViewById<FloatingActionButton>(R.id.fab).setOnClickListener { view ->
21        var intent = Intent( packageContext: this,Foto::class.java)
22        startActivity(intent)
23    }
```

En la línea 21 definimos el *intent* que permitirá en la línea 22 abrir la actividad a través del comando *startActivity*.

En la actividad Foto, deberemos realizar los siguientes procesos:

1. **Instanciar las variables:** deberemos instanciar las variables con las que controlaremos tanto el *ImageView* como el *Button*.

```
12          val REQUEST_IMAGE_CAPTURE = 1
13        💡 var foto:ImageView? = null
14 ●↑ ⊟    override fun onCreate(savedInstanceState: Bundle?) {
15              super.onCreate(savedInstanceState)
16              setContentView(R.layout.activity_foto)
17              val boton:Button = findViewById(R.id.btnFoto)
18              foto = findViewById(R.id.imageFoto)
```

2. **Programar la escucha del clic del botón:** como ya hicimos en el anterior ejemplo, para escuchar el clic del botón usaremos el evento *setOn-ClickListener*, ejecutaremos entonces la función que llama a la cámara.

```
19 ⊟    boton.setOnClickListener {   it: View!
20          tomaFoto()
21 ⊟    }
```

3. **Abrir la cámara y mostrar la foto en *ImageView*:** por último invocaremos el servicio de cámara como ya vimos también en el ejemplo anterior, mostrando la imagen en el *ImageView*.

```
24    private fun tomaFoto(){
25        Intent(MediaStore.ACTION_IMAGE_CAPTURE).also { TomaFotoIntent ->
26            TomaFotoIntent.resolveActivity(packageManager)?.also {  it: ComponentName
27                startActivityForResult(TomaFotoIntent, REQUEST_IMAGE_CAPTURE)
28            }
29        }
30    }
31
32 ●↑ override fun onActivityResult(requestCode: Int, resultCode: Int, data: Intent?) {
33        super.onActivityResult(requestCode, resultCode, data)
34        if(requestCode == REQUEST_IMAGE_CAPTURE && resultCode== RESULT_OK){
35            val imageBitmap = data?.extras?.get("data") as Bitmap
36            foto!!.setImageBitmap(imageBitmap)
37        }
38
39    }
```

Análisis de la app

Definimos la variable foto fuera del *onCreate* de la *Activity:*

```
12          val REQUEST_IMAGE_CAPTURE = 1
13        var foto:ImageView? = null
14        override fun onCreate(savedInstanceState: Bundle?) {
15            super.onCreate(savedInstanceState)
16            setContentView(R.layout.activity_foto)
17            val boton:Button = findViewById(R.id.btnFoto)
18            foto = findViewById(R.id.imageFoto)
```

Esta variable se define fuera de *onCreate* para hacerla pública con el fin de que dicha variable se pueda leer en la función *onActivityResult,* donde se mostrará en el *ImageView* la foto tomada.

IMPORTANTE

Como la *Activity* no está creada aun cuando se define la variable foto, esta debe ser inicializada a *null.*

En las líneas 17 y 18 se procede a instanciar las variables con los componentes de la *Activity (btnFoto* e *imageFoto),* cuyos nombres se definieron en los ID de cada uno de los componentes.

RECUERDA

Cuando se define una variable a **null,** esta debe llevar el operador ? detrás del tipo.

Cuando el evento clic del botón sea escuchado, llamaremos a una función a la que denominaremos tomarFoto(). Esta función activará la cámara.

```
19      boton.setOnClickListener {  it: View!
20          tomaFoto()
21      }
```

En el momento en que se detecte la pulsación del botón por parte del usuario, se ejecutará la función tomaFoto.

Dicha función ya se vio en el ejemplo anterior y atiende a la sintaxis que nos muestra la página oficial de *Android* para llamar al servicio de cámara.

Pero, además, deberemos mostrar en el *ImageView* la foto tomada en modo miniatura; la forma de hacerlo también se indica en la web oficial de *Android*.

```
24      private fun tomaFoto(){
25          Intent(MediaStore.ACTION_IMAGE_CAPTURE).also { TomaFotoIntent ->
26              TomaFotoIntent.resolveActivity(packageManager)?.also {  it: ComponentName
27                  startActivityForResult(TomaFotoIntent, REQUEST_IMAGE_CAPTURE)
28              }
29          }
30      }
31
32 •    override fun onActivityResult(requestCode: Int, resultCode: Int, data: Intent?) {
33          super.onActivityResult(requestCode, resultCode, data)
34          if(requestCode == REQUEST_IMAGE_CAPTURE && resultCode== RESULT_OK){
35              val imageBitmap = data?.extras?.get("data") as Bitmap
36              foto!!.setImageBitmap(imageBitmap)
37          }
38
39      }
```

Para ello, se utiliza la función *onActivityResult* que desencadena el *intent* de la cámara una vez que se toma una foto.

La línea 34 comprueba si se ha capturado una foto de forma correcta y, por lo tanto, la cámara devuelve un código *RESULT_OK*.

La línea 35 define una variable de tipo *Bitmap* (mapa de bits), donde se carga la imagen obtenida.

La línea 36 muestra el contenido de la variable en el *ImageView*.

 **IMPORTANTE**

El operador !! indica que la variable no puede ser *null*.

RECUERDA

Puedes consultar los procedimientos de la cámara en la siguiente URL:

https://redirectoronline.com/ifcm018po0302

ACTIVIDAD COMPLEMENTARIA

3. En el ejemplo anterior, hemos visto que, para hacer uso de la cámara, debemos activar el permiso para poderla activar a petición de la aplicación. Supongamos que ahora deseamos almacenar la foto capturada en el dispositivo. Investiga en la web oficial de *Android* qué permiso y dónde debemos activarla para poder almacenar datos en el móvil a través de una aplicación.

3.2. Pasar datos entre *Activities* con *Intents*

Una de las tareas que más deberemos realizar a la hora de construir una aplicación es la de pasar datos entre las distintas actividades de la aplicación utilizando para ello *Intents*.

Supongamos que deseamos pedir al usuario de la aplicación de BarraLibre datos de su perfil para su posterior almacenamiento en una base de datos, operación que se verá en próximas unidades.

Una vez que el usuario introduzca los datos de su perfil, estos deberán mostrarse en una segunda actividad.

Análisis de la aplicación

Partiremos de la actividad perfil, que dispondrá de los siguientes componentes:

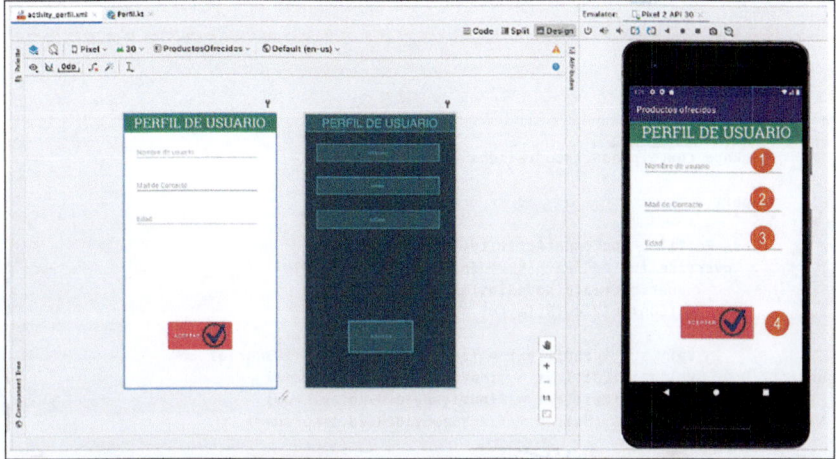

1. *EditText*, al que se le asigna el ID txtUsuario.
2. *EditText*, al que se le asigna el ID txtMail.
3. *EditText*, al que se le asigna el ID txtEdad.
4. *Button*, al que se le asigna el ID txtGrabar.

SABÍAS QUE...

Puedes asignar a un *Button* una imagen con las propiedades *drawableEnd* (al final del botón), *drawableStart* (al principio del botón), *drawableTop* (en la parte superior del botón) y *drawableBottom* (en la parte inferior del botón).

Utiliza la propiedad *maxlength* para limitar el número de caracteres que el usuario puede introducir en un *EditText*; también puedes utilizar la propiedad *inputType* para indicar el tipo de datos que el *EditText* puede admitir (caracteres alfabéticos, numéricos, *password, e-mail,* etc.).

RECUERDA

Lo primero que debemos hacer es instanciar las variables para poder controlar los componentes de la aplicación.

```
activity_perfil.xml ×    Perfil.kt ×
1      package com.e.productosofrecidos
2
3      import ...
7
8      class Perfil : AppCompatActivity() {
9          override fun onCreate(savedInstanceState: Bundle?) {
10             super.onCreate(savedInstanceState)
11             setContentView(R.layout.activity_perfil)
12
13             val usuario:EditText = findViewById(R.id.txtUsuario)
14             val mail:EditText = findViewById(R.id.txtMail)
15             val edad:EditText = findViewById(R.id.txtEdad)
16             val grabar:Button = findViewById(R.id.btnGrabar)
17
18         |
19
20         }
21     }
```

Instanciamos las variables

Controlando los datos del formulario

Supongamos que deseamos que el usuario esté obligado a introducir información en los tres campos. Vamos a crear una función que controle esta circunstancia. En caso de que uno de los campos quede vacío, al pulsar sobre el botón **Grabar,** deberá saltar una notificación.

```
27     fun comprobarCampos(usuario:String,mail:String,edad:String):Boolean{
28         var ok:Boolean = true
29         if(usuario.isEmpty() || mail.isEmpty() || edad.isEmpty() ){
30             ok = false
31         }
32         return ok
33     }
```

En la línea 27, definimos una función de nombre comprobarCampos a la que habrá que pasar tres datos (usuario, *e-mail* y edad) de tipo *String*.

La función será de tipo *booleano,* es decir, dicha función deberá devolver obligatoriamente un valor *true* o *false.*

La línea 29 comprueba si alguna de las variables está vacía *(isEmpty).*

NOTA

Puedes comprobar si una variable está vacía mediante la función *isEmpty;* también puedes comprobar si no está vacía con la función *isNotEmpty.*

Pasando los datos a la segunda actividad

El siguiente proceso consistirá en comprobar si la función comprobarCampos devuelve valor *true;* pasamos los datos a la segunda *Activity,* a la que vamos a llamar MostrarPerfil.

```
19    grabar.setOnClickListener {  it: View!
20        if (comprobarCampos(usuario.text.toString(),mail.text.toString(),edad.text.toString())){
21            var intent = Intent( packageContext: this, MostraPerfil::class.java)
22            intent.putExtra( name: "usuario",usuario.text.toString())
23            intent.putExtra( name: "mail",mail.text.toString())
24            intent.putExtra( name: "edad",edad.text.toString())
25            startActivity(intent)
26        }
27        else{
28            Toast.makeText( context: this, text: "Todos los datos son obligatorios",Toast.LENGTH_SHORT).show()
29        }
30    }
31 }
```

En la línea 20, comprobamos si la función comrobarCampos es *true;* en este caso, definimos el *intent* para activar la segunda actividad.

Desde la línea 22 a la 24 recuperamos los valores al pasar a la actividad MostrarPerfil con la función *putExtra.*

NOTA

La función *putExtra* de un *intent* permite recuperar y pasar datos de una función a otra. Su sintaxis es la siguiente:

intent.putExtra("Nombre clave", Valor)

Donde el nombre clave será cualquier nombre que definamos y que podremos recuperar en la actividad destinataria.

El valor será el dato que deseamos pasar entre las distintas actividades.

El código completo de esta actividad de Perfil es el siguiente:

```
class Perfil : AppCompatActivity() {
    override fun onCreate(savedInstanceState: Bundle?) {
        super.onCreate(savedInstanceState)
        setContentView(R.layout.activity_perfil)

        val usuario:EditText = findViewById(R.id.txtUsuario)
        val mail:EditText = findViewById(R.id.txtMail)
        val edad:EditText = findViewById(R.id.txtEdad)
        val grabar:Button = findViewById(R.id.btnGrabar)
        grabar.setOnClickListener { it: View!
            if (comprobarCampos(usuario.text.toString(),mail.text.toString(),edad.text.toString())){
                var intent = Intent( packageContext: this, MostraPerfil::class.java)
                intent.putExtra( name: "usuario",usuario.text.toString())
                intent.putExtra( name: "mail",mail.text.toString())
                intent.putExtra( name: "edad",edad.text.toString())
                startActivity(intent)
            }
            else{
                Toast.makeText( context: this, text: "Todos los datos son obligatorios",Toast.LENGTH_SHORT).show()
            }
        }
    }
    fun comprobarCampos(usuario:String,mail:String,edad:String):Boolean{
        var ok:Boolean = true
        if(usuario.isEmpty() || mail.isEmpty() || edad.isEmpty() ){
            ok = false
        }
        return ok
    }
}
```

Vamos a por la siguiente actividad, la que recibe los datos de perfil introducidos por el usuario.

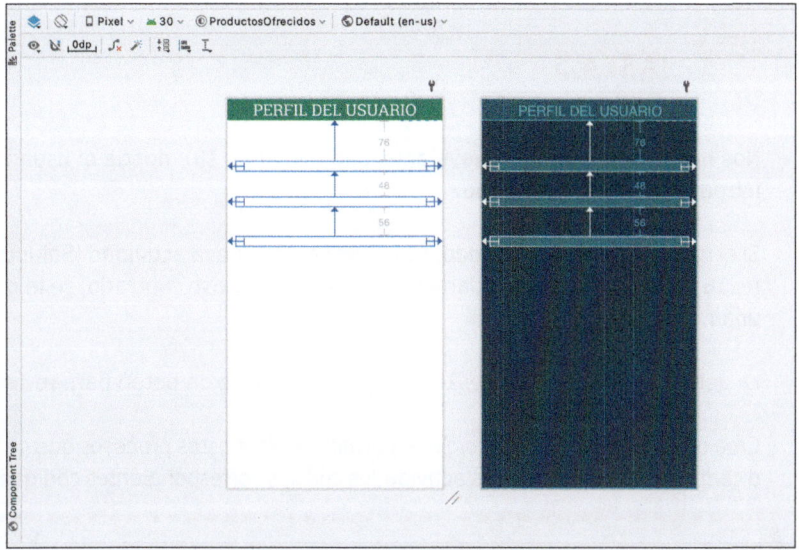

Se han definido 3 *TextView* con los ID (perfilNombre, perfilMail y perfilEdad).

El código para recuperar los datos del *intent* será el siguiente:

```
7   class MostraPerfil : AppCompatActivity() {
8       override fun onCreate(savedInstanceState: Bundle?) {
9           super.onCreate(savedInstanceState)
10          setContentView(R.layout.activity_mostra_perfil)
11
12          val nombre:TextView = findViewById(R.id.perfilNombre)
13          val mail:TextView = findViewById(R.id.perfilMail)
14          val edad:TextView = findViewById(R.id.perfilEdad)
15
16          val data = intent.extras
17          nombre.text = data!!.getString( key: "usuario")
18          edad.text = data!!.getString( key: "mail")
19          mail.text = data!!.getString( key: "edad")
20
21      }
22  }
```

En la línea 16, debemos definir la variable *intent* que será la encargada de recuperar los datos del *Intent* pasado desde la actividad anterior *(MainActivity).*

En las líneas 17 a la 19 procedemos a recuperar los datos con la función *getString,* donde debemos indicar el nombre de la clave del dato pasado.

TAREA 5

Nos han encargado una nueva actividad (Mayores 18), donde el usuario debe introducir su nombre y edad.

Si el usuario es mayor de edad, se le pasa a una nueva actividad (Saludo Mayores18) en la que debemos darle la bienvenida; en caso contrario, se le muestra una notificación de error.

La actividad Saludo Mayores18 deberá disponer de un botón para retroceder.

Crea una aplicación de *Android* que permita realizar estos procesos que se han indicado estableciendo las dos actividades con sus correspondientes códigos *Kotlin*.

- -

4. Proveedores de contenidos

 ### HILO CONDUCTOR

En algunas ocasiones, nuestra aplicación debe tomar datos, imágenes, etc., de otras aplicaciones existentes, como puede ser la agenda de contactos de nuestro dispositivo móvil. A este tipo de aplicaciones que ofrecen datos a otras se las conoce como proveedores de contenidos.

La aplicación que estamos desarrollando para BarraLibre necesita acceder a la galería de fotos del usuario para mostrar las imágenes de las reuniones que dicho usuario mantiene en el local para, por ejemplo, compartirlas en un futuro.

- -

En algún momento nuestra aplicación tendrá que acceder a otras aplicaciones del sistema de *Android,* como podría ser la galería de imágenes del dispositivo del cliente. A este tipo de aplicaciones que proporcionan datos a otras se las denomina proveedores de contenidos.

NOTA

Un proveedor de contenido presenta datos a aplicaciones externas en forma de una o más tablas que son similares a las tablas de una base de datos relacional.

- -

4.1. Llamando a la galería

Supongamos que necesitamos crear una aplicación donde el usuario seleccione de la galería de imágenes una foto y esta sea mostrada en un *ImageView.*

La interfaz de usuario podría ser como la siguiente:

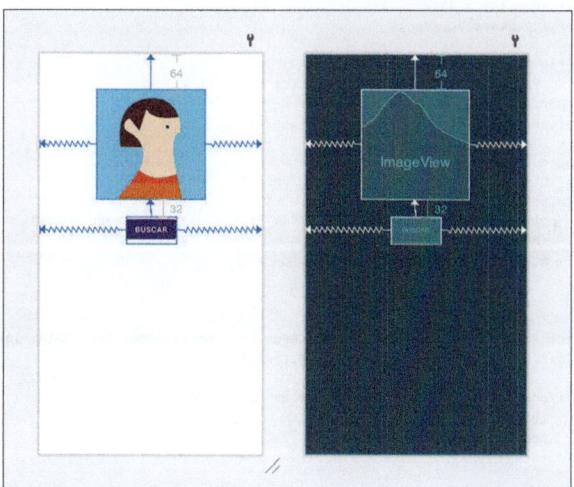

Esta aplicación necesitará activar el permiso de lectura del almacenamiento externo, ya que si el usuario tuviera las imágenes en una tarjeta SSD, la aplicación no podría acceder.

NOTA

Para acceder al almacenamiento externo debemos incluir en el archivo *manifiest* la siguiente etiqueta:

```
<uses-permission android:name="android.permission.
READ_EXTERNAL_STORAGE"/>
```

El código *Kotlin* debería ser como el siguiente:

```kotlin
10        var imageUri:Uri? = null
11        var code:Int = 0
12        var img:ImageView?=null
13
14  class galeria : AppCompatActivity() {
15      override fun onCreate(savedInstanceState: Bundle?) {
16          super.onCreate(savedInstanceState)
17          setContentView(R.layout.activity_galeria)
18
19          img = findViewById(R.id.imagen)
20          val btn:Button = findViewById(R.id.boton)
21          btn.setOnClickListener {  it: View!
22              val intent = Intent(Intent.ACTION_PICK,MediaStore.Images.Media.EXTERNAL_CONTENT_URI)
23              intent.type="image/*"
24              startActivityForResult(intent,code)
25          }
26
27      }
28      override fun onActivityResult(requestCode: Int, resultCode: Int, data: Intent?) {
29          super.onActivityResult(requestCode, resultCode, data)
30
31          if(requestCode==code && resultCode == RESULT_OK){
32              imageUri = data!!.data
33              img!!.setImageURI(imageUri)
34          }
35      }
36  }
```

En primer lugar, definimos fuera tres variables:

```kotlin
10        var imageUri:Uri? = null
11        var code:Int = 0
12        var img:ImageView?=null
```

En la línea 10 definimos una variable de tipo URI inicializada a *null;* esta variable nos va a servir para obtener la dirección de la imagen seleccionada y más tarde mostrarla en el *ImageView.*

NOTA

Un URI es una dirección de la ubicación de un elemento, por ejemplo, de un archivo.

La línea 11 define una variable de tipo entero con un valor cualquiera que nos va a servir para saber si en el proceso de selección de la imagen por parte del usuario no se produjo ningún error.

La última variable definida servirá para instanciar el *ImageView.* Se define fuera del programa principal para hacerla global y que pueda ser consultada desde cualquier procedimiento.

En la línea 23 se define un *intent* que permite seleccionar un archivo, en este caso, de la galería del dispositivo.

La línea 25 inicia la actividad (la galería de imágenes), esperando un resultado. Este resultado devolverá el contenido de la variable *code* que definimos al principio.

```
22      btn.setOnClickListener { it: View!
23          val intent = Intent(Intent.ACTION_PICK,MediaStore.Images.Media.EXTERNAL_CONTENT_URI)
24          intent.type="image/*"
25          startActivityForResult(intent,code)
26      }


29  override fun onActivityResult(requestCode: Int, resultCode: Int, data: Intent?) {
30      super.onActivityResult(requestCode, resultCode, data)
31
32      if(requestCode==code && resultCode == RESULT_OK){
33          imageUri = data!!.data
34          img!!.setImageURI(imageUri)
35      }
36  }
```

Por último, sobrescribimos la actividad y obtenemos el resultado; si este devuelve OK, simplemente mostramos la imagen seleccionada en el *ImageView.*

IMPORTANTE

Fíjate que al *ImageView* se le pasa la ruta (URI) de la imagen seleccionada que está almacenada en la variable *imageUri* y se carga mediante el *data* de *onActivityResult.*

- -

APLICACIÓN PRÁCTICA

Se propone crear una actividad donde el usuario deberá seleccionar cuatro imágenes de la galería de fotos que el usuario tiene en la tarjeta SSD de su dispositivo móvil.

¿Cuál es la etiqueta del permiso que necesitaremos activar para poder acceder a sus fotos, estando estas en el almacenamiento externo del dispositivo, y dónde lo tenemos que activar?

Solución

Para poder acceder al almacenamiento externo del dispositivo, debemos activar el permiso de lectura *READ_EXTERNAL_STORAGE* siempre en el *manifiest.*

- -

5. Resumen

Android Studio dispone de diversos tipos de plantillas de actividades, pero una de las más útiles es la plantilla *Basic Activity.*

Esta plantilla dispone de un botón flotante que permite programar una acción como respuesta al evento clic.

Este tipo de actividad genera tres archivos:

"nombre_actividad.xml"

Continúa en página siguiente >>

<< Viene de página anterior

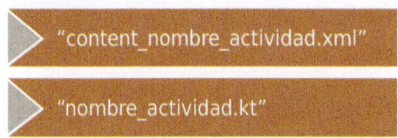

"content_nombre_actividad.xml"

"nombre_actividad.kt"

Los servicios son componentes de una aplicación que puede realizar operaciones de larga ejecución en segundo plano y que no proporciona una interfaz de usuario.

Por ejemplo, un servicio puede ser una notificación; esta se puede ejecutar mediante el comando *Toast,* que muestra al usuario una notificación y podremos mantenerla un tiempo visible.

Las notificaciones se muestran en la parte inferior del dispositivo móvil.

La sintaxis del comando *Toast* es:

```
Toast.makeText(this,"texto",Toast.LENGTH_SHORT).show()
```

Tiene tres argumentos:

- ➲ El contexto
- ➲ El texto que mostrar en la notificación
- ➲ El tiempo o duración que permanece activa la notificación

Los *intents* van a permitir, entre otras cosas, navegar entre las distintas actividades o activar servicios como abrir la cámara del dispositivo.

Para poder pasar de una actividad a otra, deberemos crear un *intent* con la sintaxis:

```
val intent = Intent(this,actividad::java))
```

A continuación, pasaríamos a abrir la actividad con el comando *startActivity:*

```
startActivity(intent))
```

Los proveedores de contenidos permiten a las aplicaciones hacer uso de datos de otras aplicaciones ya instaladas o del sistema.

Por ejemplo, podremos acceder desde nuestras aplicaciones a los contactos que el usuario tiene guardados en su agenda o a la galería de fotos.

Es importante, para poder hacer uso de esta información, que la aplicación pida permiso con anterioridad. Este proceso generalmente se realiza en el archivo *manifest.*

Ejercicios de autoevaluación
Unidad de Aprendizaje 3

1. ¿Cuál es la plantilla de *Activity* de *Android Studio* que tiene un botón flotante?

   a. *Blank Activity*
   b. *Basic Activity*
   c. *Empty Activity*
   d. *Fullscreen Activity*

2. ¿Cómo se denomina el componente que permite mostrar información en *Android?*

   a. *EditText*
   b. *TextView*
   c. *ImageView*
   d. *Button*

3. En un _____ se puede limitar el número de caracteres que puede introducir el usuario.

   a. *editText*
   b. *textView*
   c. *imageView*
   d. *button*

4. Para mostrar una imagen en una *ImageView,* primero deberemos incorporarla al proyecto, pero ¿qué tipo de archivo de imagen podremos usar?

   a. JPG
   b. PNG
   c. BMP
   d. Las opciones a y b son correctas.

5. El comando *Toast* permite...

   a. ... mostrar notificaciones al usuario.
   b. ... mostrar mensajes emergentes.

c. ... mostrar un texto en la *Activity*.

d. ... mostrar información en un *EditText*.

6. ¿Cuánto tiempo pueden permanecer las notificaciones que se muestran en una aplicación?

a. Dos segundos.

b. Tres segundos.

c. Cuatro segundos.

d. Depende de si elegimos el argumento de tiempo largo *(LONG)* o corto *(SHORT)*.

7. Para definir una variable nula en *Kotlin*, ¿qué operador usamos?

a. !!

b. ??

c. ?

d. //

8. El tipo de variable *Intent*...

a. ... crea una variable de tipo intención que permitirá, por ejemplo, cargar una nueva *Activity*.

b. ... crea una *Activity*.

c. ... activa una nueva *Activity*.

d. ... activa la cámara del usuario.

9. ¿Para qué sirve *startActivity*?

a. Finalizar una actividad.

b. Iniciar una actividad.

c. Inicia una actividad si no hay otras actividades en ejecución.

d. Las opciones a y b son correctas.

10. **Para poder acceder a la galería de fotos del usuario, nuestra aplicación deberá disponer de permisos que se solicitan en el archivo...**

    a. ... *Manifiest.*
    b. ... *Menifiest.*
    c. ... *Activity.*
    d. ... KT.

Controles comunes

Contenido

1. Introducción
2. Añadir un *Textview. EditText.* Botones y listas
3. *Widgets* básicos de *Android*
4. Contenedores de *Android:* tipos de layout
5. Ciclo de vida de una *Activity.* Controles de selección en *Android:* los adaptadores
6. Utilización de menús
7. Tipos de eventos: eventos de página, de botones, de teclado. Escuchar eventos de clic
8. Uso de los sensores del dispositivo, el acelerómetro, el *Bluetooth,* el sistema *Multitouch* de la pantalla
9. Localización GPS con *Android:* geolocalización. Usando preferencias en *Android*
10. Bases de datos y ficheros XML
11. Funcionalidades
12. Parchear ficheros
13. Resumen

Objetivos

El objetivo general de esta Unidad de Aprendizaje es:

→ Utilizar componentes básicos en las actividades, *Widgets* más comunes y bases de datos en *Android.*

Los objetivos específicos de esta Unidad de Aprendizaje son:

→ Crear listas y *Spinners.*

→ Saber utilizar el *widget CalendarView* para solicitar fechas al usuario.

→ Reproducir vídeos en las aplicaciones.

→ Conocer los distintos tipos de *layout.*

→ Saber crear menús en las aplicaciones.

→ Usar bases de datos.

1. Introducción

Como ya hemos visto en unidades anteriores, una aplicación de *Android* está formada por componentes o controles dispuestos en las *Activities* que permiten interactuar a la aplicación con el usuario.

BarraLibre desea disponer de una aplicación lo más accesible posible y para ello deberemos ofrecer al usuario, además de poder introducir datos como ya vimos en la unidad anterior, la posibilidad de consultar información de los productos ofrecidos por BarraLibre a través de listas como las *ListView, Spinner,* etc. Estos componentes cuentan con sus propios eventos de escucha para realizar múltiples tareas, tanto de entrada como de salida de datos.

Por lo tanto, en esta unidad aprenderemos a utilizar los controles más comunes de cualquier aplicación de *Android.* Estos componentes van desde los más sencillos, como un *EditText,* a los más complejos, como las listas.

2. Añadir un *Textview. EditText.* Botones y listas

☞ **HILO CONDUCTOR**

Android Studio dispone de una paleta de componentes que permite que el usuario pueda realizar tareas de entrada/salida de datos, como *EditText* o *TextView*, así como otros más complejos como pueden ser los que crean listas que el usuario puede consultar.

La empresa de restauración BarraLibre desea crear una aplicación que permita que el usuario pueda consultar la tarifa de precios de los productos y servicios de los que dispone. Para realizar este cometido, deberemos aprender en esta unidad a presentar datos de diversas maneras, así como que el usuario de la app pueda interactuar con la lista.

En la unidad anterior vimos cómo se podían añadir a la actividad los componentes más básicos, como *TextView, EditText* o *Button.* En esta unidad nos vamos a centrar en la manera de complementar estos elementos básicos con los más complejos.

2.1. El *Spinner*

El *Spinner* es otro de los componentes más importantes que debemos conocer. Se trata de una lista desplegable donde el usuario deberá seleccionar entre una lista de valores proporcionados.

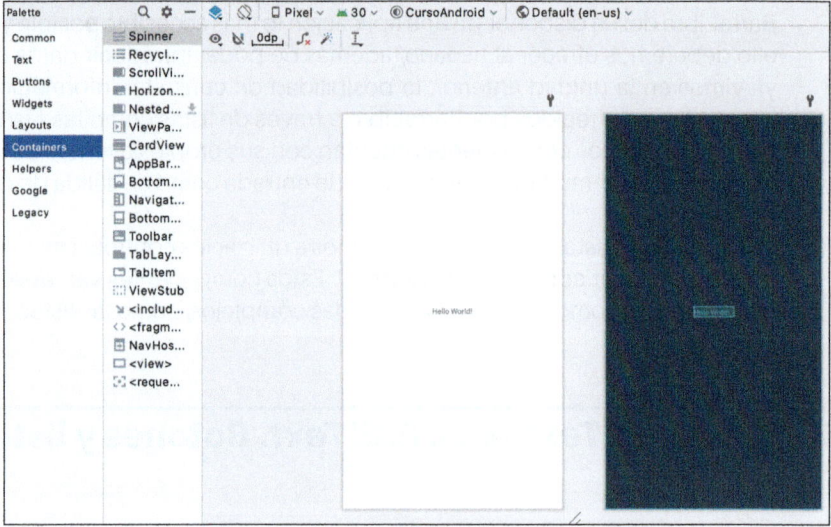

Encontraremos este componente dentro de la paleta en la categoría Containers.

Para mostrar datos en un *Spinner,* necesitamos:

- **Fuente de datos:** se trata de la información que deseamos mostrar; esta puede estar en un *ArrayList,* un archivo de datos o una tabla de una Base de Datos.
- *Layout:* es un archivo XML que deberemos construir; también podremos utilizar el *layout_simple_spinner* que integra *Android.*
- *Adapter:* el adaptador sirve de elemento de comunicación entre el *layout* y la fuente de datos.

Como hemos visto, los datos a visualizar podrían ser recuperados desde varias fuentes. Conozcamos algunas de estas posibilidades.

El *ArrayList*

Una de las fuentes, y la más sencilla, sería el *ArrayList*. Se trata de una lista almacenada en la memoria del dispositivo que se carga al ser solicitada la actividad donde se encuentra el *Spinner*.

Para definir un *Arraylist*, lo deberíamos hacer de la siguiente forma:

```
Sintaxis
var nombreArray = ArrayList<Tipo de Datos>()
Por Ejemplo:
var lista = ArrayList<String>()
```

Como podemos ver, debemos dar nombre al *ArrayList*, al igual que hacemos con las variables.

Al definir el *ArrayList*, deberemos indicar el tipo de datos que este almacenará (*String, Integer*, etc.).

 **RECUERDA**

El nombre de una variable siempre debe comenzar por un carácter alfabético.

- -

Una vez que hemos definido el *ArrayList*, debemos añadirle los datos, para ello, vamos a emplear el método **add.**

```
lista.add("Juan")
lista.add("Silvia")
lista.add("Lucas")
```

Pero para que se puedan seleccionar de una forma más rápida los datos del *Spinner,* es conveniente que estos estén ordenados de forma alfabética o numérica; para ese fin disponemos del método **sort().**

```
lista.sort()
```

Veamos a continuación cómo queda el código en nuestro proyecto:

```
14        var spinner:Spinner = findViewById(R.id.spinner)
15        var lista = ArrayList<String>()
16
17        lista.add("Juan")
18        lista.add("Silvia")
19        lista.add("Lucas")
20        lista.sort()
```

En la línea 15 definimos el *ArrayList* de tipo *String,* tal y como hemos indicado anteriormente.

En las líneas 17 a 19, agregamos al *ArrayList* la información que se mostrará en el *Spinner,* y en la línea 20, ordenamos esa información.

El *Adapter*

Como hemos indicado más atrás, debemos crear un adaptador que sirva de comunicación entre el *layout* y los datos almacenados en el *ArrayList.*

NOTA

En este primer caso vamos a utilizar el *simple_layout,* que viene integrado en *Android.*

Veamos ahora cómo es la sintaxis de este *Adapter.*

```
Sintaxis
var adapter = ArrayAdapter(Contexto,Layout ,Datos)
Ejemplo
var adapter = ArrayAdapter(this,R.layout.support_
simple_spinner_dropdown_item,lista)
```

Los argumentos de todo adaptador son el contexto, el *layout* y la fuente de datos.

Observa que, como primer argumento, indicamos como siempre **this** para referirnos a la *Activity* actual; el segundo argumento es el *layout* integrado en *Android support_simple_spinner_dropdown_item,* y como tercer argumento tenemos el *ArraList,* donde están los datos.

Veamos a continuación el código completo:

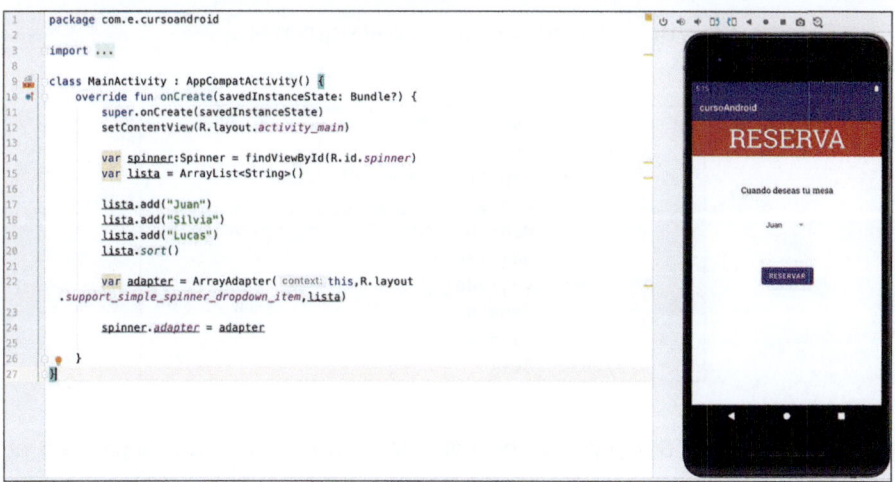

IMPORTANTE

Para que carguen los datos en el *Spinner,* deberemos cargar el adaptador que hemos creado en él mediante el método *adapter* (línea 24).

Crear el *Spinner* con los datos almacenados en un *Resource*

Otra opción es llenar el *Spinner* con los datos almacenados en un archivo del proyecto o *Resource*.

Para crear un *Resource,* deberemos pulsar el botón derecho sobre la carpeta *Values* del proyecto y seleccionar la opción *Values Resource File,* dando nombre a dicho archivo de recursos.

Mira el siguiente vídeo para saber cómo debes hacerlo:

https://redirectoronline.com/ifcm018po0401

El archivo que debemos crear será como el siguiente:

```xml
1   <?xml version="1.0" encoding="utf-8"?>
2   <resources>
3       <string-array name="listado">
4           Álava
5           Madrid
6           Salamanca
7           Valladolid
8           Zamora
9       </string-array>
10  </resources>
```

Definimos un *String Array* con los valores que deseamos mostrar en el *Spinner.*

 **DEFINICIÓN**

String Array
Es una lista de tipo *String* que permite almacenar valores de tipo texto.

Ahora tan solo nos queda crear el adaptador:

```
1    package com.e.cursoandroid
2
3    import ...
8
9    class MainActivity : AppCompatActivity() {
10       override fun onCreate(savedInstanceState: Bundle?) {
11           super.onCreate(savedInstanceState)
12           setContentView(R.layout.activity_main)
13
14           var spinner:Spinner = findViewById(R.id.spinner)
15           var arrayAdapter = ArrayAdapter.createFromResource( context: this,R.array
         .listado,R.layout.support_simple_spinner_dropdown_item)
16           spinner.adapter = arrayAdapter
17
18       }
19   }
```

Fíjate en la línea 15: esta vez el adaptador se crea con el método *create-FromResource,* donde el primer argumento es el contexto, el segundo el *Resource* y el tercero el *layout* de *Android.*

 TAREA 6

BarraLibre nos ha encargado una *Activity* con una lista desplegable *(Spinner)* con los 7 días de la semana, que servirá para que el usuario seleccione el día en que desea reservar mesa.

Además, deberá existir otro *Spinner* en la actividad con los valores de "Terraza" y "Salón" para que el usuario elija dónde reservar la mesa.

Crea la actividad indicada, para almacenar los valores de los días de la semana, hazlo en un *Resource,* y para almacenar los valores del segundo *Spinner,* mediante un *ArrayList.*

3. *Widgets* básicos de *Android*

 HILO CONDUCTOR

En *Android Studio* el programador dispone de *Widgets* o microaplicaciones ya creadas que facilitan el diseño de la aplicación sin prácticamente hacer uso de código. Se dispone de *Widgets* tales como *ImageView, WebView, VideoView* o *CalendarView.*

En BarraLibre pretenden crear una actividad que permita hacer una reserva en un día concreto y mostrar al usuario un calendario. Asimismo, se desea mostrar un vídeo promocional en la propia aplicación. En este apartado aprenderemos a utilizar los *Widgets* de *Android* en las actividades.

Algunos de los *Widgets* de los que disponemos en *Android Studio* ya se han utilizado en unidades anteriores, como *ImageView.*

RECUERDA

Un *ImageView* nos permite mostrar una imagen en formato JPG o PNG que previamente se ha debido incorporar al proyecto.

3.1. *CalendarView*

El *CalendarView* nos permite mostrar en la actividad un calendario interactivo donde el usuario dispondrá de la posibilidad de interactuar con él.

Las propiedades más importantes son:

ID
- Es el identificador, y como en todos los componentes de *Android*, se utiliza para poder hacer referencia en la parte de programación a dicho componente.

maxDate
- Esta propiedad sirve para indicar la fecha máxima que el calendario será capaz de mostrar.

dateTextAppearance
- Apariencia de los números del calendario.

minDate
- Propiedad que nos permite señalar la fecha más baja que el calendario va a mostrar.

firstDayOfWeek
- Permite indicar cuál es el primer día de la semana. Por defecto, el primer día de la semana es el domingo; esto lo toma del calendario anglosajón. Para poder indicar que el primer día de la semana es el lunes, a dicha propiedad se le asignará el valor 2.

Para establecer las propiedades del *CalendarView,* el desarrollador lo podrá hacer desde el XML del *layout* o desde el código *Kotlin.*

Vamos a configurar el calendario para mostrar las fechas del segundo trimestre de 2021 y con el lunes como primer día de la semana:

➲ **XML:**

```
 9      <CalendarView
10          android:id="@+id/calendario"
11          android:layout_width="wrap_content"
12          android:layout_height="wrap_content"
13          android:layout_marginTop="16dp"
14          app:layout_constraintEnd_toEndOf="parent"
15          app:layout_constraintStart_toStartOf="parent"
16          app:layout_constraintTop_toTopOf="parent"
17          android:firstDayOfWeek="2"
18          android:minDate="04/01/2021"
19          android:maxDate="06/30/2021"
20          />
```

En la línea 17 del XML definimos como primer día de la semana el lunes, asignando a la propiedad firstDayOfWeek el valor 2.

En la línea 18, asignamos como fecha más baja para mostrar en el calendario el 1 de abril, en formato americano (mm/dd/yyyy).

En la línea 19, asignamos el 30 de junio a la propiedad *maxDate,* que será la máxima fecha que podrá mostrar el *CalendarView.*

● **Kotlin:** si decidimos configurar el calendario en *Kotlin,* puede resultar algo más complejo.

```
17    val calendario:CalendarView = findViewById(R.id.calendario)
18    calendario.firstDayOfWeek = 2
19    val c = Calendar.getInstance()
20    c.set( year: 2021, month: 3, date: 1)
21    calendario.minDate = c.timeInMillis
22    c.set( year: 2021, month: 5, date: 30)
23    calendario.maxDate = c.timeInMillis
```

En la línea 17, instanciamos el calendario como con cualquier componente.

En la línea 18, asignamos como primer día de la semana el lunes; como ya vimos antes, debemos asignar el valor 2.

En la línea 19, para poder trabajar con fechas en *Kotlin,* necesitamos crear una variable del objeto *Calendar.* Con esta variable podremos establecer y recuperar fechas.

En la línea 20, asignamos a la variable c la fecha del 1 de marzo de 2021. La fecha debe indicarse con año, mes y día.

En la línea 21, determinamos la fecha en formato *TimeSpamp.*

Repetimos la operación en las líneas 22 y 23 para la fecha máxima a mostrar.

SABÍAS QUE...

En *Kotlin* los meses van codificados del 0 al 11, donde 0 es enero y 11 diciembre.

PARA SABER MÁS

Para obtener más información sobre la configuración del *CalendarView,* visita la web oficial de *Android* en la siguiente URL:

Continúa en página siguiente >>

<< Viene de página anterior

https://redirectoronline.com/ifcm018po0402

APLICACIÓN PRÁCTICA

BarraLibre nos ha pedido que diseñemos una actividad para solicitar mesa en su local.

El diseño debe consistir en:

- **Un calendario donde el usuario puede seleccionar la fecha de solicitud de la mesa. Las fechas deben estar entre la fecha actual y el 31 de diciembre del año en curso.**
- **Un *Spinner,* donde el usuario podrá elegir entre Comida o Cena.**
- **Otro *Spinner* dejará elegir entre las horas de la comida (Primer Turno, Segundo Turno, Tercer Turno).**
- **Un botón que, al hacer clic en él, nos llevará a una segunda actividad de confirmación.**

La actividad de confirmación mostrará los datos seleccionados por el usuario en tres *TextView:* en uno de ellos mostraremos la fecha de reserva; en el segundo, el servicio elegido (Comida o Cena), y en el último, la hora.

En esta actividad deberemos incorporar un botón para permitir regresar a la *Activity* anterior.

Solución

En primer lugar, vamos con el diseño de la *Activity:*

Continúa en página siguiente >>

<< Viene de página anterior

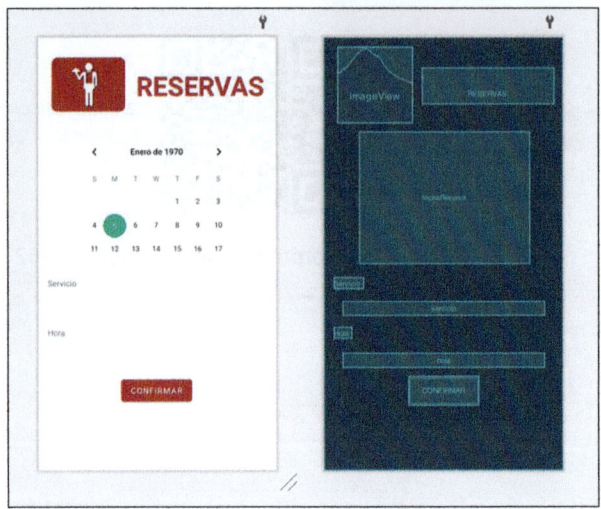

Los identificadores que vamos a usar para los elementos son:

- *CalendarView:* fechaReserva.
- *Spinner1* (servicio solicitado): servicio.
- *Spinner2* (hora del servicio): hora.
- *Button:* confirmar.

El código *Kotlin* sería como sigue:

Primero, vamos a instanciar todos los componentes:

```
14    //Instanciamos los elementos//
15    val calendarioReserva:CalendarView = findViewById(R.id.fechaReserva)
16    val servicioReserva:Spinner = findViewById(R.id.servicio)
17    val horaReserva:Spinner = findViewById(R.id.hora)
18    val confirmaReserva:Button = findViewById(R.id.confirmar)
```

Procedemos a instanciar todos los componentes que vamos a gestionar.

Procedemos ahora a limitar las fechas del *CalendarView*. La fecha mínima para visualizar debe ser la fecha de hoy y la fecha máxima, el 31 de diciembre de este año. Veamos el código:

```
22    calendarioReserva.firstDayOfWeek = 2
23    val c  = Calendar.getInstance()
24    val year = c.get(Calendar.YEAR)
25    val mes = c.get(Calendar.MONTH)
26    val dia = c.get(Calendar.DAY_OF_MONTH)
27    c.set(year, mes, dia)
28    calendarioReserva.minDate = c.timeInMillis
29    c.set(year, month: 11, date: 31)
30    calendarioReserva.maxDate = c.timeInMillis
```

En la línea 22, indicamos que el primer día de la semana es el lunes.

En la línea 23, definimos una variable de tipo *Calendar*.

En las líneas 24, 25 y 26, definimos variables donde almacenamos el año, el mes y el día de la fecha actual.

Establecemos en la línea 27 la variable c con los valores de la fecha actual.

En la línea 28, establecemos la propiedad *minDate* con la fecha de hoy.

En la línea 29, establecemos la variable c a 31 de diciembre del año en curso.

En la línea 30, establecemos la propiedad *maxDate* con el contenido de la variable c.

Ahora, debemos cargar los *Spinners*.

El primer *Spinner* lo cargaremos con un *ArrayList*; en este *ArrayList* agregaremos los dos valores indicados (Comida, Cena).

```
34    var arrayServicio = ArrayList<String>()
35    arrayServicio.add("Comida")
36    arrayServicio.add("Cena")
37    var adapter = ArrayAdapter( context: this,R.layout
     .support_simple_spinner_dropdown_item,arrayServicio)
38    servicioReserva.adapter = adapter
```

Cargamos el Spinner tal y como vimos al inicio de esta unidad.

El segundo *Spinner* los vamos a cargar con un *Resource*, por lo tanto, primero debemos construir dicho *Resource*.

```xml
1   <?xml version="1.0" encoding="utf-8"?>
2   <resources>
3       <string-array name="horarios">
4           <item>Primer Turno</item>
5           <item>Segundo Turno</item>
6           <item>Tercer Turno</item>
7       </string-array>
8   </resources>
```

El Resource contendrá todos los Ítems a mostrar por el Spinner.

Cargamos a continuación el *Spinner,* como vimos anteriormente, mediante el método *createFromResource* del *ArrayAdapter.*

```
40      var arrayTurno = ArrayAdapter.createFromResource( context: this,R.array
        .horarios,R.layout.support_simple_spinner_dropdown_item)
41      horaReserva.adapter = arrayTurno
42
```

No olvides que los argumentos del ArrayAdapter, cuando se carga con un Resource, se indican de forma diferente que cuando provienen de un ArrayList.

Cada vez que el usuario pulse sobre una fecha, deberemos modificar la fecha activa del *CalendaView.* Para ello, debemos escuchar el evento ***setOn-DateChangeListener;*** veamos a continuación el código:

```
45      calendarioReserva.setOnDateChangeListener { calendarView, year, month, day ->
46          c.set(year,month,day)
47          calendarioReserva.date = c.timeInMillis
48      }
```

En la línea 46, usamos la variable de tipo *Calendar,* estableciéndola con la fecha capturada por el evento ***setOnDateChangeListener.*** Posteriormente pasamos a la propiedad *date,* que nos permite recuperar y establecer.

IMPORTANTE

El evento ***setOnDateChangeListener*** escuchará los cambios de fecha que el usuario haga en el calendario y podremos programar acciones como respuesta de este evento.

Por último, nos queda escuchar el clic del botón y pasar los datos a la siguiente actividad.

NOTA

Para capturar las opciones seleccionadas en cada uno de los dos *Spinner,* vamos a utilizar la propiedad **selectedItem.**

Veamos el código completo:

```
61        intent.putExtra( name: "servicio",servicioReserva.selectedItem.toString())
62        intent.putExtra( name: "hora",horaReserva.selectedItem.toString())
63
64        startActivity(intent)
```

En la línea 61 y 62 pasamos al *intent* los valores seleccionados por el usuario en los *Spinners* con la propiedad **selectedItem.**

En la línea 63, activamos la nueva actividad.

La nueva actividad a la que hemos llamado *confirmacionReserva* dispondrá de la siguiente interfaz:

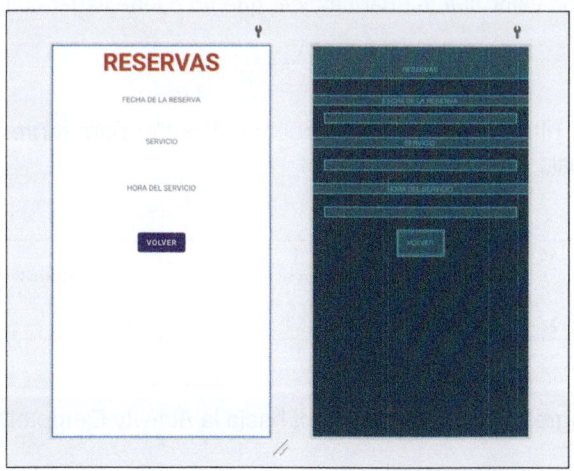

La interfaz dispondrá de Textview para colocar la información pasada desde la Activity principal.

Ahora, ya solo deberemos recuperar los datos del *intent* y colocarlos en los *TextView* correspondientes.

El código es el siguiente:

```
14          val fecha:TextView = findViewById(R.id.fechaConfirmada)
15          val servicio:TextView = findViewById(R.id.servicioConfirmado)
16          val hora:TextView = findViewById(R.id.horaConfirmada)
17          val volver:Button = findViewById(R.id.volver)
18          val datos = intent.extras
19
20          fecha.text = datos?.get("fecha").toString()
21          servicio.text = datos?.get("servicio").toString()
22          hora.text = datos?.get("hora").toString()
```

Una vez instanciados todos los componentes de esta *Activity* (líneas 14 a la 17), debemos recuperar los datos del *intent* en una variable a la que vamos a denominar datos (línea 18).

Una vez recuperados, lo único que debemos hacer es ir llevando a la propiedad **text** de cada **TextView** el dato recuperado del *intent*.

 RECUERDA

Cuando recuperamos un *intent*, debemos usar ? para indicar si el *intent* puede venir con valor *null*, o ! para indicar que no puede llegar con valor *null*.

Ya, por último, solo queda escuchar al botón para regresar a la actividad principal.

```
24    ⊖      volver.setOnClickListener {   it: View!
25               val intent = Intent( packageContext: this, EjemploDeReserva::class.java)
26               startActivity(intent)
27    ⊙      }
```

Para regresar usaremos el *intent* hacia la *Activity* EjemploDeReserva (líneas 25 y 26).

3.2. *Widget VideoView*

Este *Widget* permite reproducir vídeos mediante el reproductor del dispositivo móvil.

 SABÍAS QUE...

Para poder cargar archivos multimedia a tu proyecto, debes crear antes la carpeta *Raw* en el mismo. Observa el siguiente vídeo para ver cómo se crea dicha carpeta:

https://redirectoronline.com/ifcm018po0417

Una vez que tengas la carpeta *Raw* creada, sube el archivo de vídeo que quieras reproducir al igual que haces con las imágenes.

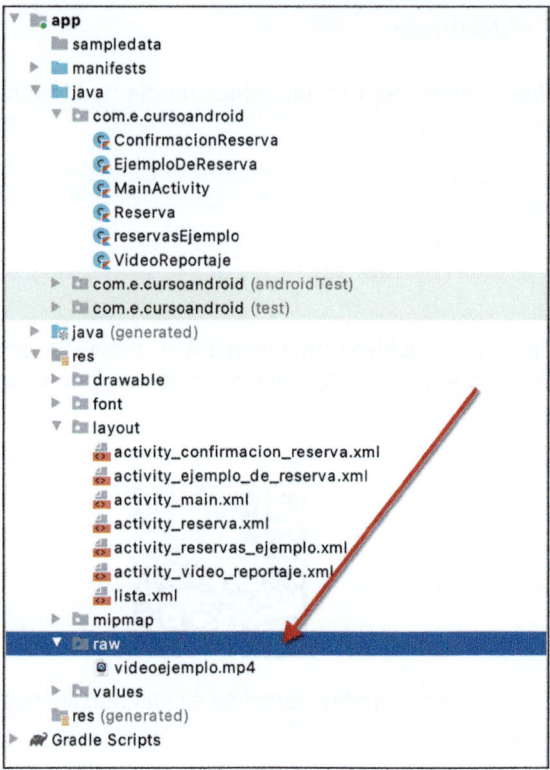

Los archivos multimedia siempre deben ir dentro de la carpeta Raw.

IMPORTANTE

Los archivos de vídeo deben ser de tipo mpeg-4 y los archivos de audio, mp3.

- -

Una vez colocado el *VideoView* dentro de la actividad, para hacer reproducir el vídeo indicaremos los siguientes comandos básicos para que se inicie la reproducción del archivo:

➲ **Indicar la URI del archivo:** para indicar la URI o la dirección donde se encuentra el archivo que se va a reproducir, lo haremos mediante la sentencia:

```
video.setVideoURI(Uri.parse("android.resource://" +
packageName + "/" + R.raw.videoejemplo))
```

En ella el vídeo es el nombre del *Widget,* y setVideoUri es la propiedad que nos permite indicar la ubicación del vídeo.
Esta dirección se detallará desde la raíz del proyecto, como se indica en la sentencia.

➲ **Iniciar la reproducción del vídeo:** para iniciar la reproducción del vídeo lo haremos con la sentencia *video.start().*

Agregando un controlador multimedia al *VideoView*

VideoView dispone de la posibilidad de agregar un controlador multimedia para que el usuario pueda pausar, rebobinar, etc., el vídeo que se esté reproduciendo en ese momento.

Para ello, debemos crear una variable de tipo *MediaController* de la siguiente manera:

```
Sintaxis
var mediaControles = MediaController(this)
```

El único argumento que pasar al objeto es el contexto.

A continuación, tan solo debemos asignar a la propiedad *setMediaController* del *VideoView* esta variable.

```
Sintaxis
video.setMediaController(mediaControles)
```

Veamos a continuación el código completo:

```
12      override fun onCreate(savedInstanceState: Bundle?) {
13          super.onCreate(savedInstanceState)
14          setContentView(R.layout.activity_video_reportaje)
15
16          val video:VideoView = findViewById(R.id.video)
17          var mediaControles = MediaController( context: this)
18
19          video.setMediaController(mediaControles)
20          video.setVideoURI(Uri.parse( uriString: "android.resource://"
21                  + packageName + "/" + R.raw.videoejemplo))
22          video.start()
23
24      }
25  }
```

Este sería el código completo para iniciar un vídeo con el Widget VideoView con controlador multimedia.

PARA SABER MÁS

Para obtener más información sobre el *Widget VideoView,* consulta la documentación oficial de *Android* en esta URL:

https://redirectoronline.com/ifcm018po0403

TAREA 7

Para la promoción de algunos servicios de BarraLibre, se desea crear una aplicación que permita seleccionar tres servicios en un *Spinner* y reproducir un vídeo en cada uno de ellos.

Continúa en página siguiente >>

<< *Viene de página anterior*

Crea una aplicación que disponga de un *Spinner* con tres ítems: Servicio 1, Servicio 2 y Servicio 3. Una vez que el usuario haga clic en botón **Aceptar,** se reproducirá un vídeo en un *VideoView.* Este *VideoView* dispondrá de control multimedia.

Puedes descargar los vídeos desde la web, donde hay recursos multimedia gratuitos.

https://redirectoronline.com/ifcm018po0404

4. Contenedores de *Android:* tipos de *layout*

☞ HILO CONDUCTOR

Hasta ahora hemos visto el *layout* que se utiliza actualmente en el diseño de las *Activities,* el *ConstraintLayout.* Pero en *Android* existen otros *layouts* más simples que se usan para construir pequeñas regiones de una *Activity* o para el diseño de componentes reutilizables, también llamado *Fragments.*

BarraLibre desea que su aplicación tenga una cabecera común en todas las actividades, donde se visualice una imagen corporativa y el nombre de la empresa. Aprenderemos a crear *layouts* y reutilizarlos en las distintas actividades de la aplicación.

Como ya hemos visto en las unidades anteriores, para diseñar y organizar los diferentes componentes de la *Activity,* hemos venido utilizando las *ConstraintLayout.* Este tipo de *layouts* solo están disponibles en las versiones más actuales de *Android Studio.*

Pero en *Android* también disponemos de otros *layouts* más simples, estos son:

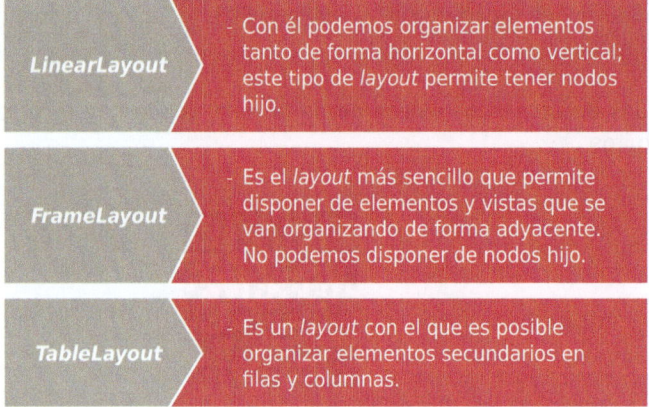

4.1. *LinearLayout*

LinearLayout nos permite distribuir los componentes de forma lineal. Tiene tres argumentos obligatorios:

- ⮑ *layout_width:* permite indicar la anchura de la región linear que estamos construyendo; esta puede ocupar todo el ancho del contenedor padre *(match_parent),* que ocupe el espacio necesario para contener a los componentes hijos *(wrap_content)* o podemos indicarle una medida específica.
- ⮑ *layout_height:* para determinar la altura de la región linear que estamos construyendo; esta puede ocupar todo el ancho del contenedor padre *(match_parent),* que ocupe el espacio necesario para contener a los componentes hijos *(wrap_content)* o podemos indicarle una medida específica.
- ⮑ *Orientation:* permite indicar la orientación de los componentes; esta puede ser vertical u horizontal.

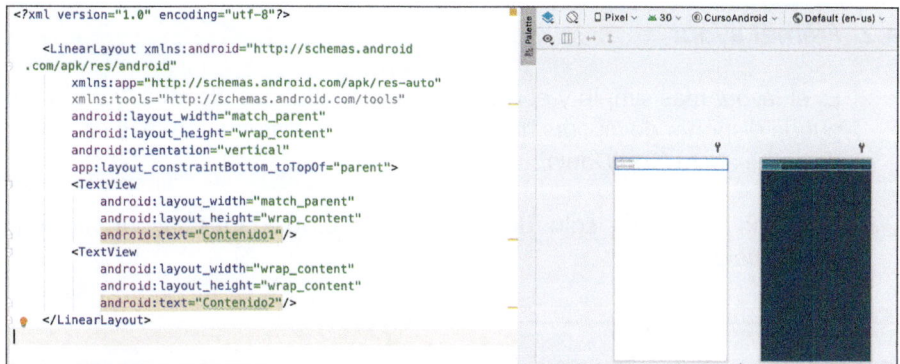

En este ejemplo se ha definido un LinearLayout con orientación vertical, por lo que los componentes se disponen unos debajo de los otros.

 **VÍDEO**

Para aprender más sobre el uso de *LinearLayout*, observa el siguiente vídeo:

https://redirectoronline.com/ifcm018po0405

 SABÍAS QUE...

LinearLayout era el sistema de distribución de componentes en las actividades de las primeras versiones de *Android Studio*.

4.2. FrameLayout

Es el *layout* más simple y el que menos posibilidades dispone, ya que no puede disponer de *layouts* hijos. Nos permite la distribución de elementos de arriba-abajo *(Top-Down)*.

Este tipo de *layout* solo dispone de las propiedades *layout_width* y *layout_height*.

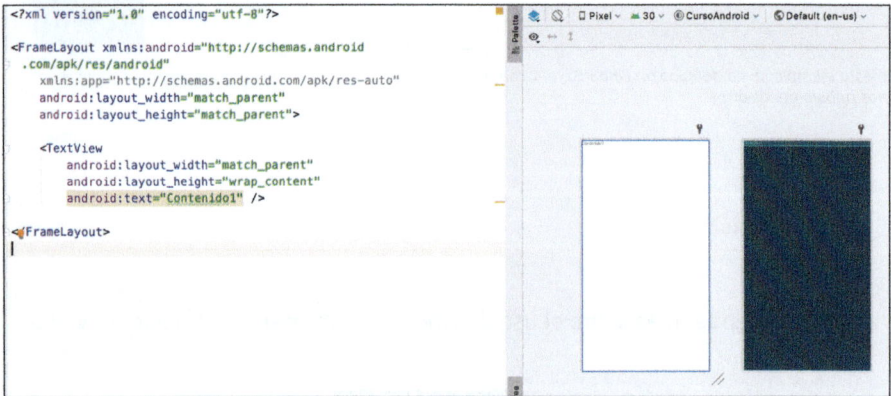

Disposición sencilla con FrameLayout

 **VÍDEO**

Para aprender más sobre *FrameLayout*, visualiza el siguiente vídeo:

https://redirectoronline.com/ifcm018po0406

4.3. *TableLayout*

Con *TableLayout* podremos construir distribuciones en forma de tabla, es decir, en forma de filas y columnas. Para ello, debemos agregar a la *Activity* *<TableLayaout>* junto con *<TableRow>* para crear las diferentes filas de la tabla.

Estos dos componentes nos permitirán realizar áreas como la siguiente:

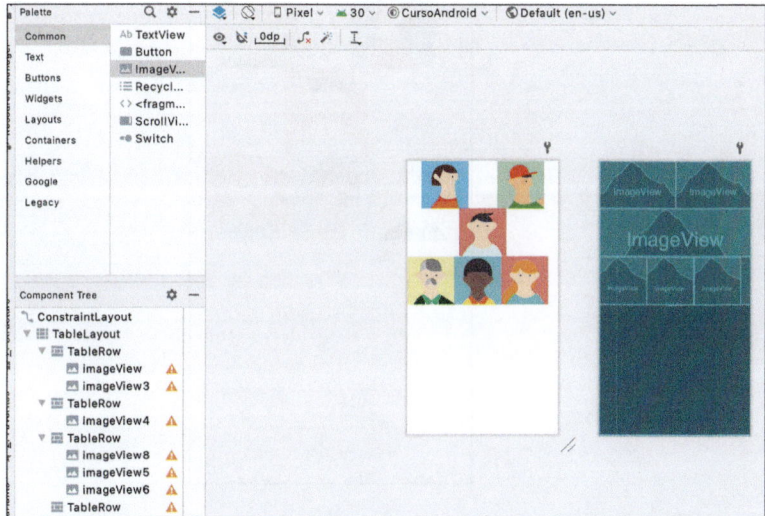

NOTA

Visualiza el siguiente vídeo para saber más sobre *TableLayout:*

https://redirectoronline.com/ifcm018po0407

APLICACIÓN PRÁCTICA

Necesitamos en una aplicación mostrar la actividad que se ve en la siguiente imagen. Para ello, indica las posibilidades de *layout* que podemos utilizar para crear dicha actividad.

Solución

Además de poder crear la actividad con filas y columnas de *TableLayout*, podremos también hacerlo con *LinearLayout* combinando la orientación horizontal para las filas con la vertical para las columnas.

4.4. Los *Fragments*

Los *Fragments* o fragmentos son *layouts* que se pueden reutilizar en distintas actividades, lo que permite evitar duplicar diseños de regiones que se van a emplear en varias actividades.

Imagina que deseamos crear una cabecera para toda la app que estemos construyendo, donde figure el logo corporativo junto con el título.

Lo primero que haremos es crear el fragmento donde construir el *layout* que albergue los componentes. Para ello, seleccionaremos **New / Activity / Gallery.**

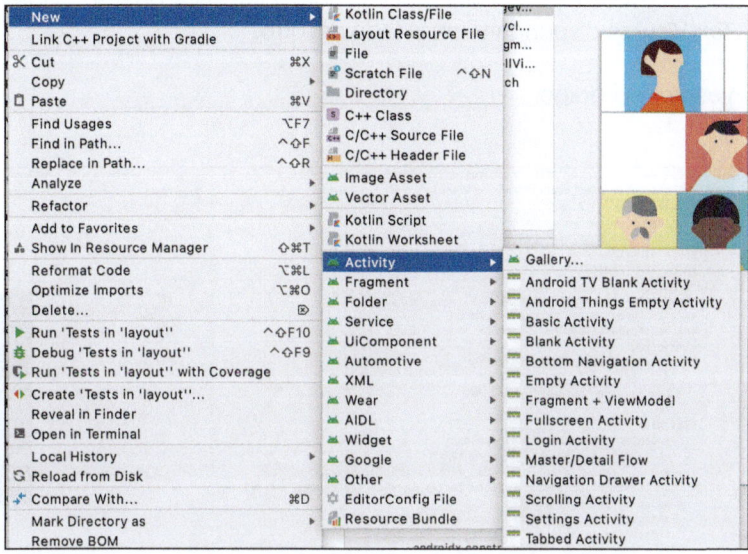

Sobre la carpeta Layout pulsamos el botón derecho para acceder al menú New.

Seleccionamos a continuación *Fragment + ViewModel.*

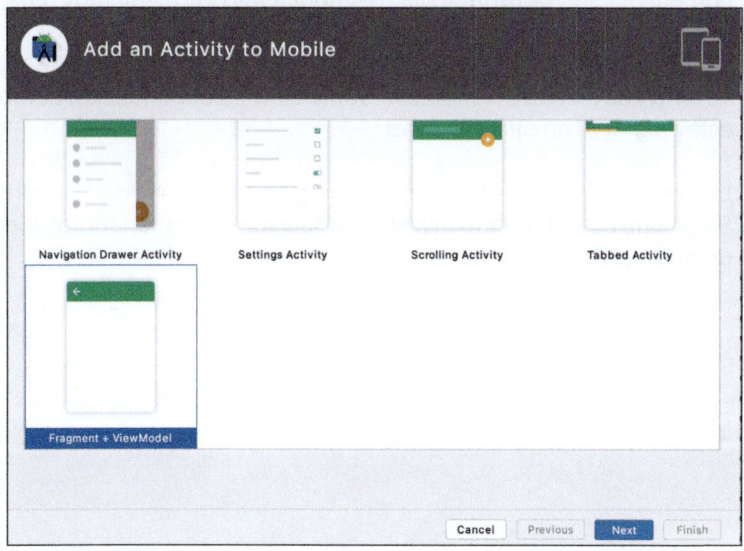

Seleccionamos Fragment + ViewModel, y damos a continuación nombre al Fragment.

Después, queda construir el *layout* de esa cabecera. Vamos a decantarnos por un *LinearLayout* principal que ocupe el 100 % del contenedor *(Activity)* con orientación vertical; dentro de este *LinearLayout* agregaremos otro *LinearLayout* hijo con orientación horizontal para que el *ImageView* y el *TextView* se dispongan uno al lado del otro.

Veamos el código:

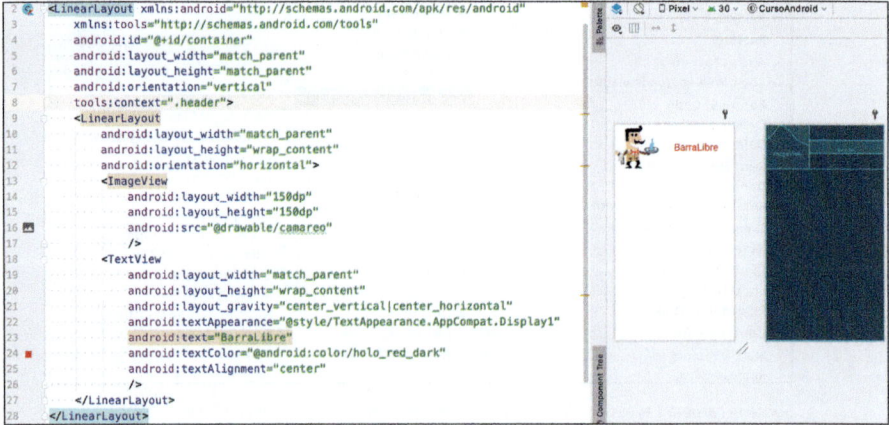

En la línea 2, colocamos el *LinearLayout* principal con orientación vertical que abarca toda la *Activity,* y en la línea 9 colocamos el *LinearLayout* hijo con orientación horizontal que distribuirá los dos elementos *(ImageView* y *TextView).*

Ya tenemos creado el *Fragment.* Vamos a ver a continuación cómo agregar este *Fragment* en otra actividad.

Lo primero que debes hacer es incorporar a la actividad el componente *Fragment,* que puedes localizar en la sección de contenedores *(Containers)* de *Android Studio.*

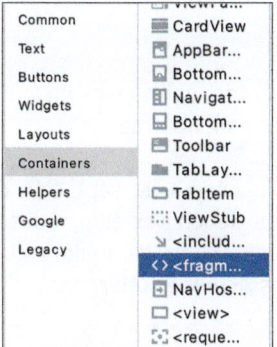

El componente Fragment se puede localizar en Containers o en Comoom.

 **VÍDEO**

Para saber cómo agregar un *Fragment* a una actividad, visualiza el siguiente vídeo:

https://redirectoronline.com/ifcm018po0408

5. Ciclo de vida de una *Activity*. Controles de selección en *Android:* los adaptadores

 HILO CONDUCTOR

Hemos visto que el componente fundamental de una aplicación *Android* es la *Activity*. Pero, ¿qué es lo que ocurre cuando se hace un *intent*? ¿La *Activity* que

Continúa en página siguiente >>

<< Viene de página anterior

dejamos se destruye o, por el contrario, permanece en la memoria del dispositivo? Esto es lo que aprenderás en este apartado.

BarraLibre desea implementar un sistema de captación de datos con varias *Activities*, donde algunas de ellas deben ser eliminadas de la memoria del dispositivo una vez que ya no se necesitan. Para ello, es importante aprender el ciclo de vida de cada una de las *Activities* utilizadas.

El ciclo de vida de una *Activity,* por regla general, coincide con el de la propia aplicación, de tal forma que la actividad queda en la memoria del dispositivo hasta que dicha actividad desaparezca de la memoria.

Pero hay veces que no deseamos que el usuario regrese a una actividad en concreto pulsando el botón **Atrás** de su dispositivo. En ese caso, debemos hacerla desaparecer de la memoria.

NOTA

Para hacer desaparecer de la memoria una actividad cuando pasamos a otra mediante un *intent,* debemos utilizar el comando *finish()*.

Veamos un ejemplo de cómo pasar de una actividad a otra haciendo desaparecer de la memoria la actividad inicial:

```
14    aceptar.setOnClickListener {   it: View!
15        val intent = Intent( packageContext: this, cogerdatos::class.java)
16        startActivity(intent)
17        finish()
18    }
```

En la línea 17, con el comando finish() eliminamos la actividad actual de la memoria.

5.1. Controles de selección en *Android:* los adaptadores

Ya hemos visto cómo, para cargar listas como los *Spinners,* es necesario utilizar los denominados adaptadores, que son el objeto que hace de intermediario entre el componente *(Spinner, ListView,* etc.) y los datos que se van a mostrar.

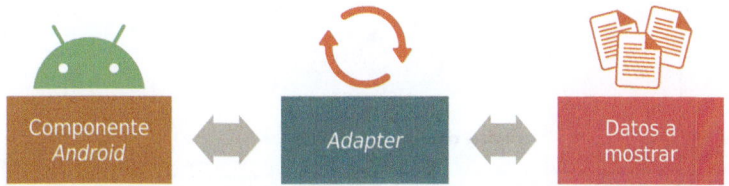

En apartados anteriores aprendimos a llenar un *Spinner* con el adaptador que, por defecto, está integrado en *Android,* y el *Layout Simple,* que también está integrado.

Supongamos que deseamos disponer del siguiente *Spinner:*

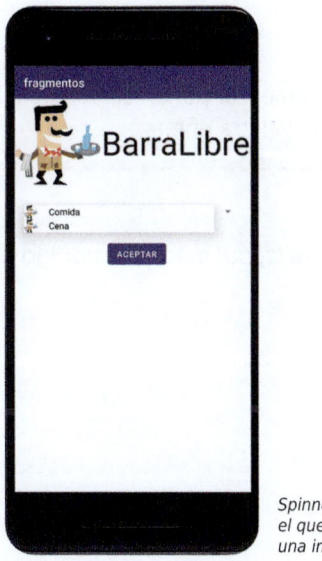

Spinner personalizado en el que se ha incorporado una imagen.

Para crear este *Spinner,* empezaremos creando el *layout.* Para ello, debes pulsar el botón derecho en la carpeta *layout* del explorador del proyecto *New / XML / layout XML file.*

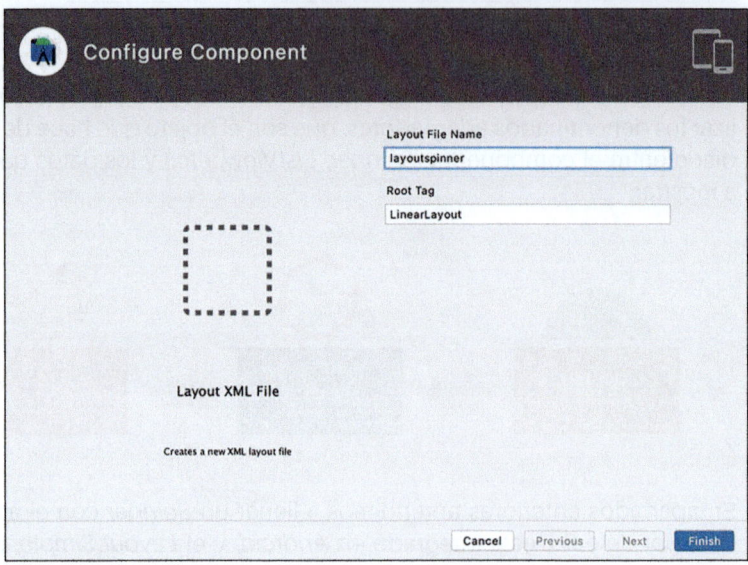

Indica el nombre del layout

IMPORTANTE

El nombre del *layout* debe comenzar por un carácter alfabético y no se pueden utilizar mayúsculas, tildes ni la letra eñe.

Ahora vamos a construir ese *layout* mediante código XML.

```
1   <?xml version="1.0" encoding="utf-8"?>
2   <LinearLayout xmlns:android="http://schemas.android.com/apk/res/android"
3       android:layout_width="match_parent"
4       android:layout_height="match_parent"
5       android:orientation="vertical">
6       <LinearLayout
7           android:layout_width="match_parent"
8           android:layout_height="wrap_content"
9           android:orientation="horizontal">
10          <ImageView
11              android:layout_width="24dp"
12              android:layout_height="24dp"
13              android:src="@drawable/camarero"/>
14          <TextView
15              android:layout_width="match_parent"
16              android:layout_height="wrap_content"
17              android:text=""
18              android:layout_gravity="center_vertical"
19              android:layout_marginStart="20dp"
20              android:textColor="@color/black"
21              android:textSize="16dp"
22              android:id="@+id/spinnerLinea" />
23      </LinearLayout>
24  </LinearLayout>
```

Creamos un LinearLayout con un ImageView y un TextView.

Línea 2:

```
<LinearLayout
xmlns:android="http://schemas.android.com/apk/res/
android"
    android:layout_width="match_parent"
    android:layout_height="match_parent"
    android:orientation="vertical">
```

En esta etiqueta creamos un *LinearLayout* con orientación vertical, este será el *LinearLayout* padre.

Escuchar elemento seleccionado del *Spinner*

Todo elemento interactivo, como el *Spinner,* es susceptible de ser escuchado para saber cuál ha sido la selección del usuario. Para ello, debemos implementar el evento *onItemSelectedListener.*

Para la implementación de este evento, procederemos de la siguiente manera:

Línea 6:

```
<LinearLayout
    android:layout_width="match_parent"
    android:layout_height="wrap_content"
    android:orientation="horizontal">
```

En esta línea creamos un *LinearLayout* hijo con orientación horizontal que permitirá disponer tanto de la *ImageView* como del *TextView* de forma adyacente.

Línea 10:

```
<ImageView
    android:layout_width="24dp"
    android:layout_height="24dp"
    android:src="@drawable/camarero"/>
```

En esta línea, definimos el *ImageView* al que se han modificado las dimensiones a 24 × 24.

Además, con la propiedad src, indicamos la imagen que queremos mostrar y que previamente debemos haber agregado al proyecto.

Línea 14:

```
<TextView
    android:layout_width="match_parent"
    android:layout_height="wrap_content"
```

Continúa en página siguiente >>

<< Viene de página anterior

```
android:text=""
android:layout_gravity="center_vertical"
android:layout_marginStart="20dp"
android:textColor="@color/black"
android:textSize="16dp"
android:id="@+id/spinnerLinea" />
```

En esta línea, creamos el *TextView,* y en la propiedad *width* indicamos que ocupa el resto del *LinearLayout* que resta después de ubicar el *ImageView.*

La propiedad *height* señala que ocupe el alto necesario para mostrar el contenido del *TextView* con *wrap_content.*

La propiedad *Text* la dejamos vacía, pues se llenará con los elementos del *Spinner.*

Con *layout_gravity* determinamos que se centre verticalmente con respecto a la imagen.

Con *layout_marginStart,* indicamos el margen izquierdo; con esto dejamos un espacio de 20dp entre la imagen y el texto.

Con *textSize* señalamos el tamaño de la fuente.

Con id, indicamos el nombre del *TextView* que necesitaremos en el *adapter.*

Ahora vamos a crear el adaptador personalizado; es la parte más complicada, por lo que iremos paso a paso:

Lo primero que vamos a hacer es crear una clase de *Kotlin.* Para ello, debemos seleccionar **New → Kotlin *Class/File,*** dando a esta clase un nombre extendiendo dicha clase a *BaseAdapter.*

NOTA

Puedes ver el siguiente vídeo para saber cómo crear una clase de *Kotlin* extendiéndola a *BaseAdapter:*

https://redirectoronline.com/ifcm018po0418

Lo siguiente que haremos es implementar el constructor de la clase:

```
6    class classAdapter:BaseAdapter {
7        var context:Context? = null
8        var lista = ArrayList<String>()
9
10       constructor(context: Context?, lista: ArrayList<String>) : super() {
11           this.context = context
12           this.lista = lista
13       }
14
15   }
```

Para construir el adaptador necesitaremos el contexto donde se va a ejecutar y la lista de elementos a mostrar en el *Spinner,* por lo que a la clase se deben pasar estos dos objetos.

Ahora tenemos que implementar los métodos de la clase.

Los métodos que implantar serán los siguientes:

➲ **Método** *getCount:* devolverá el número de elementos del *ArrayList* o, lo que es lo mismo, el número de elementos del *Spinner.*

```
17 ●↑      override fun getCount(): Int {
18             return lista.size
19         }
```

size devuelve el número de elementos del ArrayList.

● **Método *getItem:*** devuelve el elemento seleccionado.

```
21 ●↑      override fun getItem(position: Int): Any {
22             return lista[position]
23         }
```

getItem devuelve el elemento de la posición seleccionada del ArrayList.

● **Método *getItemId:*** devuelve la posición del elemento seleccionado del *ArrayList,* lo que es lo mismo que decir del *Spinner.*

```
25 ●↑      override fun getItemId(position: Int): Long {
26             return position.toLong()
27         }
```

La posición debe devolverse en tipo numérico Long.

● **Metodo *getView:*** en este método se construye la vista, es decir, se re-cogen los datos y se pasa al componente, que es la finalidad, como ya hemos explicado, de los *Adapter.*
Veamos el código:

```
31 ●↑      override fun getView(position: Int, p1: View?, p2: ViewGroup?): View {
32             val inflater:LayoutInflater=context!!.getSystemService(Context
           .LAYOUT_INFLATER_SERVICE)
33             as LayoutInflater
34             var row = inflater.inflate(R.layout.spinnerlayout, root: null)
35             val nombreServicio = row.findViewById<TextView>(R.id.spinnerLinea)
36             val data = getItem(position)
37             nombreServicio.text = data.toString()
38             return row
39         }
```

En las líneas 32 y 33 es donde procedemos a inflar la vista del *layout* creado.

NOTA

Inflar una vista significa que se representará en la memoria el documento XML creado previamente para que podamos hacer uso de él.

En la línea 35 instanciamos el *TextView* que creamos en el *Layout* para agregarle información.

En la línea 36 recuperamos el dato del *Array* para agregarlo después al *TextView*.

En la línea 37 cargamos ya el contenido al *TextView* y devolvemos el resultado.

El código completo sería:

```kotlin
10  class classAdapter:BaseAdapter {
11      var context:Context? = null
12      var lista = ArrayList<String>()
13
14      constructor(context: Context?, lista: ArrayList<String>) : super() {
15          this.context = context
16          this.lista = lista
17      }
18
19      override fun getCount(): Int {
20          return lista.size
21      }
22
23      override fun getItem(position: Int): Any {
24          return lista[position]
25      }
26
27      override fun getItemId(position: Int): Long {
28          return position.toLong()
29      }
30
31      override fun getView(position: Int, p1: View?, p2: ViewGroup?): View {
32          val inflater:LayoutInflater=context!!.getSystemService(Context.LAYOUT_INFLATER_SERVICE)
33          as LayoutInflater
34          var row = inflater.inflate(R.layout.spinnerlayout, root: null)
35          val nombreServicio = row.findViewById<TextView>(R.id.spinnerLinea)
36          val data = getItem(position)
37          nombreServicio.text = data.toString()
38          return row
39      }
```

Código completo del Adapter personalizado

En la actividad principal, cuando se vaya a cargar el *Spinner,* implementar el *Adapter* varía muy poco de lo visto anteriormente:

```
12  class MainActivity : AppCompatActivity() {
13      override fun onCreate(savedInstanceState: Bundle?) {
14          super.onCreate(savedInstanceState)
15          setContentView(R.layout.activity_main)
16          val spinner = findViewById<Spinner>(R.id.spinner)
17          var array = ArrayList<String>()
18          array.add("Comida")
19          array.add("Cena")
20
21          val adapter = classAdapter( context: this,array)
22          spinner.adapter=adapter
23          val aceptar = findViewById<Button>(R.id.aceptar)
24          aceptar.setOnClickListener { it: View!
25              Toast.makeText( context: this,spinner.selectedItem.toString(),Toast.LENGTH_SHORT).show()
26          }
27
28
29      }
30  }
```

Uso del Adapter en la actividad principal

ACTIVIDAD COMPLEMENTARIA

4. En el ejemplo anterior hemos creado una clase que extendía a *BaseAdapter*. Por ello, en esta actividad te pedimos que investigues qué significa extender una clase en programación.

- -

6. Utilización de menús

 HILO CONDUCTOR

Una de las fases de desarrollo de una aplicación para móviles en *Android* es la de proporcionar al usuario un método sencillo de navegabilidad por las diferentes opciones de dicha aplicación.

BarraLibre nos ha pedido que se proporcione al usuario una forma sencilla de acceder a las diferentes opciones de la aplicación. Para ello, vamos a ver cómo integrar un menú en la app.

- -

Integrar un menú en la app con las versiones actuales de *Android Studio* es tan fácil como crear una actividad del tipo *Navigation Drawer Activity* que nos proporcione todas las herramientas para crear un menú de navegación.

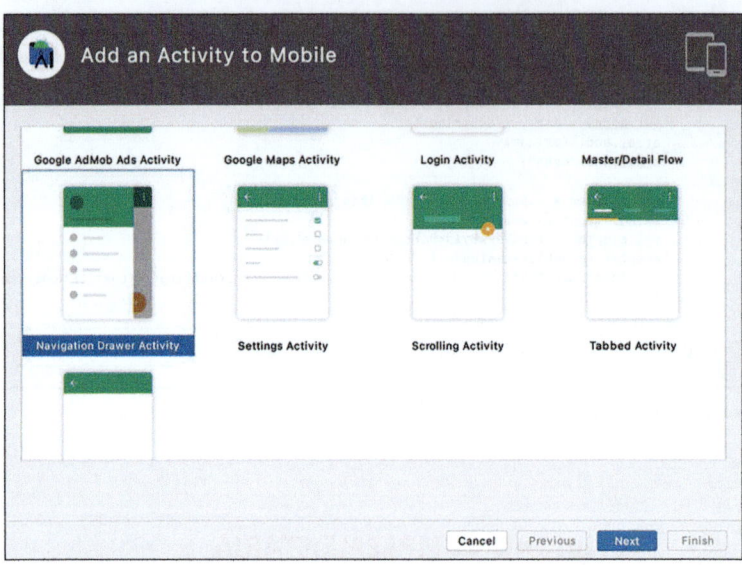

Con Navigation Drawer Activity, podremos crear menús de navegación.

Una vez que creamos esta *Activity* de navegación, contamos con los siguientes archivos:

- ⇨ **"nav_header_main":** en este archivo se podrá personalizar la cabecera del menú con el logotipo corporativo de la empresa o aplicación.
- ⇨ **"activity_main_drawer":** archivo que contiene las opciones del menú.
- ⇨ **"mobile_navigation":** archivo que contiene los *Fragments* que carga cada opción de navegación.

Ahora lo único que tendremos que hacer es agregar dentro del *mobile_navigation* las *Activities* o *Fragments* que deseamos que se activen al hacer clic en alguno de los elementos del menú.

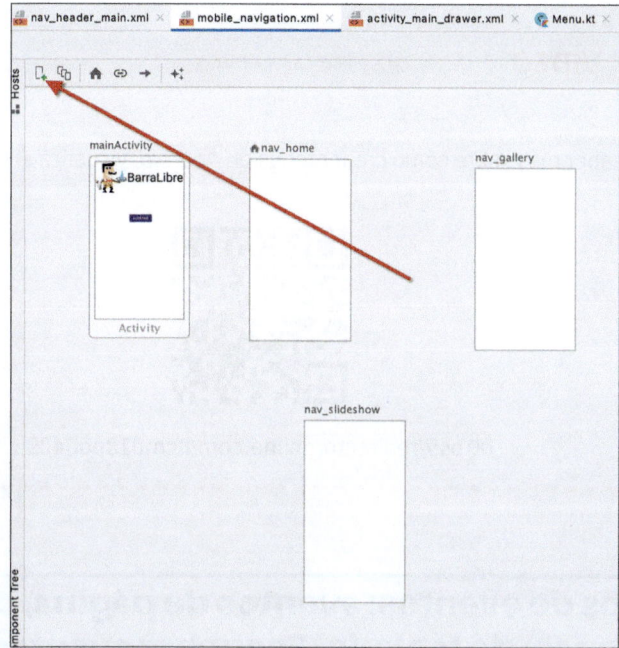

Iremos agregando las Activities o Fragments que deseamos que se abran con opciones de menú.

A continuación, en el archivo *activity_main_drawer,* debes agregar un nuevo ítem cuyo id coincida con el nombre de la actividad a cargar.

```xml
<?xml version="1.0" encoding="utf-8"?>
<menu xmlns:android="http://schemas.android.com/apk/res/android"
    xmlns:tools="http://schemas.android.com/tools"
    tools:showIn="navigation_view">

    <group android:checkableBehavior="single">
        <item
            android:id="@+id/nav_home"
            android:icon="@drawable/ic_menu_camera"
            android:title="Home" />
        <item
            android:id="@+id/nav_gallery"
            android:icon="@drawable/ic_menu_gallery"
            android:title="Gallery" />
        <item
            android:id="@+id/nav_slideshow"
            android:icon="@drawable/ic_menu_slideshow"
            android:title="Slideshow" />
        <item
            android:id="@+id/mainActivity"
            android:icon="@drawable/ic_menu_slideshow"
            android:title="@string/menu_slideshow" />
    </group>
</menu>
```

Es importante que el id del ítem coincida con el nombre de la Activity que se debe cargar.

VÍDEO

Para saber más sobre cómo crear menús en *Android*, visualiza el siguiente vídeo:

https://redirectoronline.com/ifcm018po0409

---

7. Tipos de eventos: eventos de página, de botones, de teclado. Escuchar eventos de clic

👉 HILO CONDUCTOR

Durante el desarrollo del presente material, ya se han utilizado escuchas de diferentes eventos que se deben capturar en el desarrollo de una aplicación, y hemos visto cómo capturar, por ejemplo, el evento clic de un botón.

BarraLibre desea que su aplicación sea lo más dinámica posible y que el usuario no tenga que realizar innumerables operaciones para, por ejemplo, pasar de una actividad a otra. Por ello, debemos conocer todos los eventos que puedan hacer que la aplicación responda más rápidamente a acciones del usuario.

En el desarrollo de una aplicación, necesitaremos escuchar eventos de usuario y ejecutar procedimientos como respuesta a dichos eventos.

Dentro de los eventos que podemos escuchar, distinguimos:

Eventos de teclado
- Son aquellos eventos que se ejecutan al pulsar el teclado del dispositivo.

Eventos de clic
- Son aquellos que se ejecutan cuando se hace clic en elementos o componentes de la *Activity*.

Los eventos de clic pueden ayudarnos a controlar cualquier acción del usuario en el teclado, por ejemplo, podremos saber cuándo un usuario presiona una tecla o cuando la libera.

 PARA SABER MÁS

Accede al siguiente enlace donde podrás ver eventos de teclado de la documentación oficial de *Android:*

https://redirectoronline.com/ifcm018po0410

7.1. Eventos de Clic

Son los más utilizados en una aplicación, como ya hemos visto en anteriores ejemplos.

Cada uno de los componentes (*Spinners, ListView, GridView,* etc.) que permiten mostrar información son capaces de escuchar eventos para, posteriormente, desencadenar acciones.

Veamos el siguiente ejemplo: supongamos que deseamos mostrar a un cliente un *Spinner* que, al seleccionar entre los servicios de Comida o Cena, abra dos actividades distintas para que el usuario haga la reserva en el servicio seleccionado.

Partimos de la siguiente *Activity:*

Presentamos un calendario para seleccionar la fecha del servicio y el tipo de servicio.

Veamos cómo escuchar la selección del usuario en el *Spinner.*

Con el evento *onItemSelectedListener* escuchamos cuándo el usuario selecciona una opción en la lista.

```
24      serviciosOfrecidos.onItemSelectedListener = object : AdapterView.OnItemSelectedListener{
25          override fun onItemSelected(adapter: AdapterView<*>?, p1: View?, position: Int, p3: Long) {
26              var intent = Intent( packageContext: this@Servicios,Menu::class.java)
27              startActivity(intent)
28          }
29          override fun onNothingSelected(p0: AdapterView<*>?) {
30              TODO( reason: "Not yet implemented")
31          }
32
33      }
```

Una vez que el usuario selecciona una opción, podremos, por ejemplo, cargar otra Activity.

PARA SABER MÁS

Accede al siguiente enlace para ver los eventos de *Android:*

https://redirectoronline.com/ifcm018po0411

8. Uso de los sensores del dispositivo, el acelerómetro, el *Bluetooth,* el sistema *Multitouch* de la pantalla

👉 HILO CONDUCTOR

Mediante el desarrollo de *Android* podremos acceder al *hardware* del dispositivo, como puede ser el caso de los sensores de movimiento. Es posible acceder a este *hardware* gracias a las clases que ya vienen creadas en *Android* y que facilitarán mucho la programación.

BarraLibre desea que su aplicación disponga de algún juego o entretenimiento para que al usuario la espera de ser atendido no le resulte tan tediosa. En este apartado veremos algunas de las clases que nos permitirán acceder al *hardware*.

8.1. El acelerómetro

Con el acelerómetro podremos medir los cambios de movimiento y gravedad.

Para implementar el acelerómetro en nuestra aplicación, deberemos hacerlo de la siguiente manera:

```kotlin
12  class MainActivity : AppCompatActivity(), SensorEventListener {
13      lateinit var sensorManager: SensorManager
14      @SuppressLint( ...value: "ServiceCast")
15      override fun onCreate(savedInstanceState: Bundle?) {
16          super.onCreate(savedInstanceState)
17          setContentView(R.layout.activity_main)
18          sensorManager = getSystemService(Context.SENSOR_SERVICE) as SensorManager
19          |
20      }
21
22      override fun onSensorChanged(p0: SensorEvent?) {
23          TODO( reason: "Not yet implemented")
24      }
25
26      override fun onAccuracyChanged(p0: Sensor?, p1: Int) {
27          TODO( reason: "Not yet implemented")
28      }
```

Para acceder a los servicios del acelerómetro, creamos una variable del tipo *SensorManager* como se indica en la línea 18.

A partir de aquí, podremos tomar todos los argumentos que nos facilite el sensor de movimientos.

 PARA SABER MÁS

Consulta la web oficial de *Android* para conocer todas las posibilidades que nos facilita el acelerómetro:

https://redirectoronline.com/ifcm018po0412

8.2. El *Bluetooth*

Otra de las posibilidades que disponemos es la de emparejar nuestra aplicación con otros dispositivos a través de *Bluetooth.*

Pero para poder utilizar este tipo de servicios se debe dar permiso a la aplicación.

Los permisos que debemos suministrar son:

```
<uses-permission android:name="android.permission.
BLUETOOTH"/>
<uses-permission
android:name="android.permission.BLUETOOTH_ADMIN"/>
```

Es necesario dar estos permisos antes de la etiqueta *<application>* del archivo *manifiest.*

Para poder ahora controlar el *Bluetooth* de una aplicación, deberemos definir una variable del tipo *BluetoothAdapter.*

```
Sintaxis
lateinit var bluetoothAdapter: BluetoothAdapter
```

9. Localización GPS con *Android*: geolocalización. Usando preferencias en *Android*

 **HILO CONDUCTOR**

La posibilidad de usar geolocalización en dispositivos es otro de los servicios que podremos utilizar dentro de nuestra app, y que necesitará contar de nuevo con los permisos adecuados.

La utilidad que vamos a ver a continuación permitirá a la aplicación de Barra-Libre decirle al usuario la distancia entre su ubicación y el local o la distancia con respecto al repartidor de pedidos, por ejemplo.

La geolocalización es uno de los servicios a los que se puede sacar más provecho. Pero al ser esta un dato sensible, debemos solicitar el permiso correspondiente en el archivo *manifest*.

NOTA

Las etiquetas de permisos que hemos de incluir en el archivo *manifest* para poder hacer uso de la geolocalización son:

```
<uses-permission
android:name="android.permission.ACCESS_FINE_LOCATION"/>
<uses-permission
android:name="android.permission.ACCESS_COARSE_LOCATION"/>
```

A continuación se desarrollan los pasos que hay que seguir para utilizar la geolocalización en una aplicación *Android*:

1. **Crear un *ManagerLocation:*** para ello definiremos una variable sin inicializar de la siguiente manera:

```
private lateinit var locationManager:LocationManager
```

2. **Inicializar el *ManagerLocation:*** procederemos a inicializar el manejador de tipo *Locationmanager* con la siguiente sintaxis:

```
locationManager = getSystemService(Context.LOCATION_
SERVICE) as LocationManager
```

3. **Establecer un proveedor y tiempo de actualización:** con la siguiente sintaxis:

```
locationManager.requestLocationUpdates(LocationManager.
GPS_PROVIDER,500,5f,this)
```

Donde el primer argumento es el nombre del proveedor del servicio de geolocalización; el segundo es el tiempo en milisegundos de actualización, y el tercero, la altura.

 **PARA SABER MÁS**

Accede a la siguiente web para saber más sobre la geolocalización del usuario, consultando la documentación oficial de *Android:*

Continúa en página siguiente >>

<< Viene de página anterior

https://redirectoronline.com/ifcm018po0413

---

10. Bases de datos y ficheros XML

👉 HILO CONDUCTOR

Este es uno de los apartados más interesantes en el desarrollo de aplicaciones *Android*, pues vamos a aprender a almacenar y mostrar datos de forma permanente en nuestras app.

Hasta ahora la vida de los datos que proporcionaba el usuario era temporal, es decir, en el momento en que se cerraba la aplicación, los datos se eliminaban.

BarraLibre desea que su aplicación muestre información de los menús ofrecidos por su local. Asimismo, para proporcionar mejor servicio a sus clientes, quiere que se pueda almacenar un perfil de usuario.

Android permite almacenar información en base de datos *SQL Lite;* con este tipo de bases de datos podremos almacenar y recuperar la información de una forma rápida.

 **NOTA**

SQL Lite es un gestor de bases de datos muy utilizado en el desarrollo de todo tipo de aplicaciones, no solo de *Android*.

Continúa en página siguiente >>

<< Viene de página anterior

Se puede acceder a la web oficial de *SQL Lite* a través de esta URL:

https://redirectoronline.com/ifcm018po0414

10.1. Creando la clase manejadora de *SQL Lite*

Lo primero que debemos hacer para trabajar con bases de datos en la aplicación es crear una clase Kotlin de tipo *SQLiteDatabase.*

Esta clase debe recibir los siguientes argumentos:

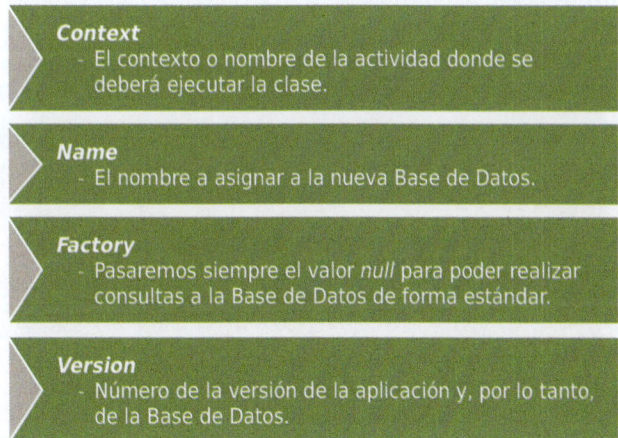

Context
- El contexto o nombre de la actividad donde se deberá ejecutar la clase.

Name
- El nombre a asignar a la nueva Base de Datos.

Factory
- Pasaremos siempre el valor *null* para poder realizar consultas a la Base de Datos de forma estándar.

Version
- Número de la versión de la aplicación y, por lo tanto, de la Base de Datos.

 **EJEMPLO**

En este ejemplo estamos definiendo una clase *SQLiteDatabase* a la que hemos llamado *SQLManager,* pasamos como nombre DB001 y cuya versión es la 1.

```
class SQLManager(context:Context):SQLiteOpenHelper(con
text,"DB001",null,1)
```

Puedes establecer el número de versión que quieras, pero es mejor llevar un orden secuencial para no confundir a los usuarios.

La clase contará con dos métodos:

1. **override fun onCreateSQLiteDatabase:** las sentencias se ejecutan al ser invocada la clase por primera vez. Su uso fundamental es la creación de la Base de Datos y las tablas de dicha Base de Datos.
2. **override fun onUpgradeSQLiteDatabaseIntInt:** este método se ejecuta al ser actualizada la versión de la aplicación. Normalmente se usa para salvaguardar la información que ya exista en las tablas de la versión anterior.

En el método override fun onCreateSQLiteDatabase, crearemos dos tablas:

Perfil
- En esta tabla el usuario almacenará los datos de perfil que debe proporcionar a la aplicación; estos datos van a ser:
  - Id: *Integer primary key autoincrement.*
  - Nombre: Varchar(255): campo de tipo *Varchar* que almacenará el nombre y apellidos del usuario.
  - Nacimiento date: campo de tipo *Date* donde se almacenará la fecha de nacimiento del usuario.
  - Sexo Varchar(1): campo donde se almacenará H o M.

Continúa en página siguiente >>

<< Viene de página anterior

Menús
- Tabla donde se almacenarán los menús que BarraLibre comercializa. Los campos serán:
  - Id: *Integer primary key autoincrement.*
  - Primero Varchar(255): campos alfanuméricos donde se almacenará el primer plato del menú.
  - Segundo Varchar(255): campos alfanuméricos donde se almacenará el segundo plato del menú.
  - Postre Varchar(255): campos alfanuméricos donde se almacenará el postre del menú.
  - Precio *double:* campo numérico donde se almacenará el precio del menú.

Creando la tabla de perfil

Para crear la tabla de perfil deberemos ejecutar la siguiente sentencia:

```
db!!.execSQL("Create table perfil (id integer primary
key autoincrement,nombre varchar(255),nacimiento
date,sexo varchar(1))")
```

NOTA

Con la sentencia *Create* creamos la tabla Perfil definiendo los campos y tipo de datos, según lo que se ha indicado para la estructura de esta tabla.

De la misma forma, para crear la tabla de menús ejecutaremos la siguiente sentencia:

```
db.execSQL("create table menus (id integer primary
key autoincrement,primero varchar(255), segundo
varchar(255), postre varchar(255), precio double)")
```

Rellenaremos la tabla de menús con los valores que se mostrarán más adelante en una *ListView.*

Para rellenar los valores de la tabla, lo haremos de la siguiente manera:

```
15        var valores = ContentValues()
16        valores.put("primero","Sopa Castellana")
17        valores.put("segundo","Lubina a la plancha")
18        valores.put("postre","A elegir")
19        valores.put("precio",30.00)
20        db.insert( table: "menus",   nullColumnHack: null,valores)
21        valores.put("primero","Revuelto setas")
22        valores.put("segundo","Chuletón")
23        valores.put("postre","A elegir")
24        valores.put("precio",45.00)
25        db.insert( table: "menus",   nullColumnHack: null,valores)
```

Para agregar valores a una tabla a través de *Kotlin,* crearemos una variable de tipo *ContentValues* (línea 15).

Esta clase dispone del método **put,** al que le tienes que pasar dos valores: el nombre del campo y el valor a almacenar en cada uno de estos campos (líneas 16 a la 19).

A continuación, ejecutamos el método **insert** de *onCreate* que permitirá insertar los valores de la variable de clase *ContentValues* dentro de la tabla indicada.

Debes pasar al método **insert** tres valores: el nombre de la tabla, al segundo parámetro se le pasa *null* para indicarle que la fila no está vacía, y el tercer argumento es la variable del tipo *ContentValues* (línea 20).

 **NOTA**

Deberás repetir este proceso tantas veces como registros quieras almacenar.

Creando el perfil de usuario

Vamos ahora a construir la *Activity* y los procesos necesarios para almacenar los datos del perfil suministrados por el usuario de la aplicación.

Partimos de la siguiente *Activity:*

1. *EditText* al que vamos a identificar con un id denominado nombre.
2. *EditText* de tipo numérico con un id denominado fecha.
3. *Spinner* con los valores H y M y con un id denominado sexo.
4. Botón **Aceptar,** que validará los valores introducidos por el usuario.

 **NOTA**

Antes de dejar al usuario crear el perfil, se procederá a comprobar si ya existe un perfil creado. En este caso, se crea un *intent* a una actividad principal.

Veamos cómo comprobar que la tabla de perfil tenga ya información. Para ello, se hará un *intent* a una *Activity* a la que vamos a llamar *Menus.*

```
23
24          var sqlManager = SQLManager( context: this)
25          var db = sqlManager.writableDatabase
26          var reg = db.rawQuery( sql: "Select count(*) as numero from perfil", selectionArgs: null)
27          if(reg.moveToFirst()){
28              if(reg.getInt(0) > 0 ){
29                  val intent = Intent( packageContext: this,Menus::class.java)
30                  startActivity(intent)
31                  finish()
32              }
33          }
```

El código que debemos desarrollar será el siguiente:

```
23
24          var sqlManager = SQLManager( context: this)
25          var db = sqlManager.writableDatabase
26          var reg = db.rawQuery( sql: "Select count(*) as numero from perfil", selectionArgs: n
27          if(reg.moveToFirst()){
28              if(reg.getInt(0) > 0 ){
29                  val intent = Intent( packageContext: this,Menus::class.java)
30                  startActivity(intent)
31                  finish()
32              }
33          }
```

- ➲ **Línea 24:** creamos una variable de la clase *SQLManager* que hemos creado anteriormente.
- ➲ **Línea 25:** definimos una variable manejadora de la Base de Datos. En esta ocasión la hemos creado con *writeDatabase,* que nos permite realizar tanto operaciones de escritura como de lectura.
- ➲ **Línea 26:** ejecutamos la sentencia SQL y el resultado lo cargamos en la variable *reg.*
- ➲ **Línea 27:** nos movemos al primer y único registro que recuperará la sentencia SQL.
- ➲ **Línea 28:** si el resultado obtenido es mayor que 0, quiere decir que ya hay un perfil almacenado en la app y, por lo tanto, hacemos un *Intent* a la *Activity Menus.*

NOTA

Deberemos comprobar si los datos solicitados se han cubierto por parte del usuario, por lo que vamos a crear la siguiente función:

Continúa en página siguiente >>

<< Viene de página anterior

```
50    fun verificaForm():Boolean{
51        var resultado:Boolean = true
52        if(nombre.text.isEmpty()) resultado = false
53        if(fecha.text.isEmpty()) resultado = false
54        return resultado
55    }
```

El evento clic del botón **Aceptar** dispondrá del siguiente código:

```
34    aceptar.setOnClickListener {  it: View!
35        if (verificaForm()){
36            //Grabar Perfil//
37            var datos = ContentValues()
38            datos.put("nombre",nombre.text.toString())
39            datos.put("nacimiento",fecha.text.toString())
40            datos.put("sexo",sexo.selectedItem.toString())
41            db.insert( table: "perfil", nullColumnHack: null,datos)
42        }
43        else{
44            Toast.makeText( context: this, text: "Todos los datos son obligatorios",Toast.LENGTH_SHORT).show()
45        }
46    }
47
48    }
```

Mediante una variable ContentValues, procederemos a almacenar los valores en la tabla de perfil.

Mostrando los datos de una tabla

Es importante conocer algunos de los sistemas para mostrar la información almacenada en las tablas de las bases de datos.

Supongamos que en la *Activity Menus* deseamos mostrar un listado de todos los menús almacenados en la tabla.

Activity en la que mostramos a través de un ListView los datos almacenados en la tabla de menús.

Para crear esta *Activity* vamos a necesitar:

➲ **Layout:** deberemos crear el archivo XML con un *LinearLayout* horizontal con cuatro *TextView,* uno para cada una de las cuatro columnas que vamos a crear en el *ListView.* El código de estos *TextView* deberá ser similar al siguiente:

```xml
<TextView
    android:layout_width="0dp"
    android:layout_height="wrap_content"
    android:layout_weight="1"
    android:layout_gravity="center_vertical"
    android:id="@+id/plato1"
    android:text="Plato1"
/>
```

➲ **Clase Datos:** debemos crear una clase que nos facilitará crear un *ArrayList* con los cuatro datos que necesitaremos en la *ListView* (Plato1, Plato2, Plato3 y Precio). El código sería:

```
class ClassMenu {
    lateinit var primerPLato:String
    lateinit var segundoPlato:String
    lateinit var tercerPlato:String
    lateinit var precio:String

    constructor (primerPLato: String, segundoPlato:
String, tercerPlato: String, precio: String) {
        this.primerPLato = primerPLato
        this.segundoPlato = segundoPlato
        this.tercerPlato = tercerPlato
        this.precio = precio
    }
}
```

➲ **Clase *Adapter:*** crearemos un *Adapter* personalizado para enlazar los datos con el *ListView.*

NOTA

El *View* de la clase *Adapter* deberá cargar los datos del *ArrayList.* El código será como el siguiente:

```
override fun getView(position: Int, p1: View?, p2: ViewGroup?): View {
    var inflater:LayoutInflater = context!!.getSystemService(Context.LAYOUT_INFLATER_SERVICE) as LayoutInflater
    var row = inflater.inflate(R.layout.listamenus, root: null)
    val primerPlato = row.findViewById<TextView>(R.id.plato1)
    val segundoPlato = row.findViewById<TextView>(R.id.plato2)
    val tercerPlato = row.findViewById<TextView>(R.id.plato3)
    val precioMenu = row.findViewById<TextView>(R.id.precio)
    val data = this.arrayMenu[position]
    primerPlato.text = data.primerPlato
    segundoPlato.text = data.segundoPlato
    tercerPlato.text = data.tercerPlato
    precioMenu.text = data.precio
    return row
}
```

Para cargar los datos en el *ListView* dentro de la *Activity Menus* sería del modo siguiente:

```
class Menus : AppCompatActivity() {
    override fun onCreate(savedInstanceState: Bundle?) {
        super.onCreate(savedInstanceState)
        setContentView(R.layout.activity_menus)

        val listaMenus = findViewById<ListView>(R.id.lista)
        val arrayMenus = ArrayList<ClassMenu>()
        val sqlManager = SQLManager( context: this)
        var db = sqlManager.readableDatabase
        var reg = db.rawQuery( sql: "Select * from menus", selectionArgs: null)
        while (reg.moveToNext()){
            arrayMenus.add(ClassMenu(reg.getString(1),reg.getString(2),reg.getString(3),reg.getString(4)))
        }
        db.close()
        val adapter = adapterLista( context: this,arrayMenus)
        listaMenus.adapter = adapter
    }
}
```

La línea 18 es la encargada de almacenar en el ArrayList los datos que se van leyendo de la tabla.

NOTA

Es buena práctica cerrar la base de datos cuando se acaben de realizar todos los procesos, como se hace en la línea 20 del código anterior.

TAREA 8

En la aplicación anterior de BarraLibre, donde solicitamos el perfil del usuario, hemos decidido modificarlo de tal forma que en el *Spinner* donde se muestran los valores de H y M, en lugar de ser leídos del fichero de recursos, sean leídos de una tabla de base de datos.

Crea una nueva tabla en la aplicación a la que vas a llamar "sexo", con los campos ID de tipo *Integer Primary Key AutoIncrement* y Valor de tipo *Varchar(1)*. En esta tabla estarán almacenados los valores H y M.

Una vez creada la tabla, modifica la actividad de perfil para que los valores mostrados sean tomados de la tabla que hemos creado.

----

11. Funcionalidades

☞ HILO CONDUCTOR

En algunas ocasiones deberemos introducir en nuestras aplicaciones funciones externas que nos ayuden a la programación de ciertos recursos, como puede ser la recogida de datos de servidores externos.

BarraLibre tiene en sus servidores almacenadas imágenes que pueden ser recogidas a través de servicios de internet. Para realizar este tipo de operaciones necesitaremos una función externa denominada *Glide.*

Glide es una librería introducida por *Google* que permite descargar y guardar en memoria imágenes que se desean agregar a nuestras aplicaciones.

Los dos pasos fundamentales para poder utilizar *Glide* son:

➲ **Dar permisos de internet:** en el *manifiest* daremos los permisos necesarios para conectar la aplicación con internet de la siguiente manera:

```
<uses-permission android:name="android.permission.
INTERNET"/>
```

➲ **Agregar dependencias a la aplicación:** deberemos agregar las dependencias de *Glide* en el archivo *build.gradle* de la siguiente manera:

```
implementation 'com.github.bumptech.glide:glide:4.0'
```

PARA SABER MÁS

Accede al siguiente enlace de la web oficial de *Glide* para saber más sobre él:

https://redirectoronline.com/ifcm018po0415

12. Parchear ficheros

👉 HILO CONDUCTOR

En este último apartado vamos a aprender a leer archivos de texto integrados en nuestra aplicación.

BarraLibre, a modo de presentación, desea que, al acceder a la aplicación por primera vez, el usuario pueda leer "Las recomendaciones del chef". Este texto estará almacenado dentro de la aplicación, de tal forma que, al abrir la app, el texto se mostrará en un *TextView*.

En muchas ocasiones resulta más rápido leer los datos de un fichero que integrar la información dentro de una base de datos; vamos a ver cómo podremos realizar esta sencilla tarea de programación.

Lo primero que haremos es crear el archivo dentro de la aplicación.

NOTA

Deberás crear el archivo dentro de la carpeta *Res.*

Para leer el archivo, deberemos emplear la siguiente sintaxis:

```
val inputAsString = FileInputStream(file).
bufferedReader().use { it.readText() }
```

Donde *file* es el nombre del archivo que se va a leer.

PARA SABER MÁS

En el siguiente enlace a la documentación oficial de *Android,* puedes disponer de toda la información de este comando:

https://redirectoronline.com/ifcm018po0416

---

13. Resumen

Los *Spinners* son una forma muy frecuente de ofrecer al usuario la selección entre varias alternativas en las aplicaciones.

Para poder cargar datos en este tipo de elementos, es necesario contar con un *Adapter.*

Un *Adapter* hace de intermediario entre el *Spinner* y los datos que se van a cargar.

Para crear un *Spinner* con un *Adapter* cuyos datos están almacenados en un archivo de recursos, necesitamos usar el método *createFromResource* de una *ArrayAdapter.*

Los *Widgets* son objetos ya programados que podremos agregar a nuestras aplicaciones.

Podemos destacar, por ejemplo, el *CalendarView,* que permite que un usuario seleccione una fecha y posteriormente recogerla.

El *Calendar* escucha los cambios de fecha con el evento *setOnDateChangeListener,* donde podremos recoger los valores de fecha del *Widget.*

Existen diferentes formas y tipos de diseñar *layaouts.* Los más importantes son:

LinearLayout permite crear contenedores de formar lineal, tanto en formaciones horizontales como en verticales.

FramLayout es la forma más simple de crear un *layout.* Este siempre en forma vertical no permite disponer de otros *layouts* dependientes o hijos.

Con *TableLayout* podemos construir *layouts* en forma de tabla, es decir, en filas y columnas.

Para una navegación sencilla para el usuario es recomendable construir menús a través de la *Activity Navigation Drawer Acitivity.*

Este tipo de actividad nos creará una serie de *Fragments* para la configuración del menú, donde solo debemos ir agregando las opciones del menú y la actividad que han de cargar cada una de estas opciones.

En *Android* se puede almacenar información de forma permanente a través de la creación de bases de datos de *SQL Lite.*

Para crear una base de datos *SQL Lite,* deberemos en primer lugar desarrollar un manejador de la base de datos con un código similar al siguiente:

```
class SQLManager(context:
Context):SQLiteOpenHelper(context,"DB001",null,1) {
    override fun onCreate(db: SQLiteDatabase?) {
        //crear tabla de perfil de usuario//
        db!!.execSQL("Create table perfil (id
integer primary key autoincrement,nombre
varchar(255),nacimiento date,sexo varchar(1))")
        //crear tabla de menús//
        db.execSQL("create table menus (id integer
primary key autoincrement,primero varchar(255),
segundo varchar(255), postre varchar(255), precio
double)")
```

Donde a través del método *execSQL,* podremos ejecutar sentencias SQL estándar.

En el manejador habrá que desarrollar un código si la aplicación sube de versión, para que la información almacenada no se pierda dentro del evento:

```
override fun onUpgrade(db: SQLiteDatabase?, p1: Int,
p2: Int) {
  //Implementar en caso de cambio de versión//
}
```

Ejercicios de autoevaluación
Unidad de Aprendizaje 4

1. Para cargar datos en un *Spinner,* ¿qué necesitamos obligatoriamente?

   a. Una fuente de datos.
   b. Un *Adapter.*
   c. Una fuente de datos y un *Adapter.*
   d. Un *ArrayList.*

2. Para cargar un elemento en un *ArrayList,* ¿qué método debemos utilizar?

   a. *Load*
   b. *Add*
   c. *Insert*
   d. Todas las opciones son incorrectas.

3. Para crear un adaptador personalizado, ¿qué clase debemos extender?

   a. *BaseAdapter*
   b. *Adapter*
   c. *Base*
   d. Todas las opciones son incorrectas.

4. Para crear un menú debemos crear una *Activity* denominada...

   a. ... *Menu.*
   b. ... *Activity Menu.*
   c. ... *Navigation Drawer Activity.*
   d. Todas las opciones son incorrectas.

5. Para agregar las nuevas opciones al menú debemos hacerlo dentro
del siguiente *fragment:*

   a. *Nav_header_main.*
   b. *Activity_main_drawer.*

c. *Mobile_navigation.*
d. Todas las opciones son incorrectas.

6. ¿Qué tipo de evento puede recibir un botón?

a. Evento de teclado.
b. Evento de clic.
c. Evento de teclado y evento de clic.
d. Todas las opciones son incorrectas.

7. ¿Con qué evento podremos escuchar la selección de un elemento en un *Spinner*?

a. *onItemSelectedListener.*
b. *SelectedListener.*
c. *onItemListener.*
d. Todas las opciones son incorrectas.

8. Para poder crear un acelerómetro debemos crear una variable de tipo...

a. ... *SensorManager.*
b. ... *Sensor.*
c. ... *String.*
d. Todas las opciones son incorrectas.

9. El permiso *ACCESS_FINE_LOCATION* permite activar...

a. ... el acelerómetro.
b. ... el *Bluetooth.*
c. ... la geolocalización.
d. ... el acceso a la galería de fotos.

10. Para crear una base de datos en la aplicación, ¿qué tipo de clase debemos definir?

a. *SQL*
b. *SQLIteOpenHelper*
c. *OpenHelper*
d. *SQL Lite*

Servicios

Contenido

1. Introducción
2. Mapas en *Android*
3. Interfaz gráfica
4. Resumen

Objetivos

Los objetivos generales de esta Unidad de Aprendizaje son:

→ Utilizar el servicio de *Google Maps* en aplicaciones *Android*.

→ Saber cómo crear interfaces.

Los objetivos específicos de esta Unidad de Aprendizaje son:

→ Saber crear credenciales de la API de *Google Maps*.

→ Usar mapas en aplicaciones *Android*.

→ Descubrir cómo desarrollar interfaces distintas para distintos tipos de dispositivos.

1. Introducción

Desde que *Google* es propietario de *Android,* nos ofrece múltiples servicios que se pueden integrar en las aplicaciones que desarrollemos para este sistema, tales como el acceso a mapas, *drive,* etc.

Android nos permite utilizar prácticamente todos los servicios de *Google,* tanto los de acceso gratuito como *Maps* como algunos de los servicios de pago de *FireBase,* que permiten implementar aplicaciones de *Big Data.*

BarraLibre desea incorporar a sus aplicaciones la situación geográfica de sus locales y que este se pueda visualizar a través de mapas de *Google Maps.* En esta unidad veremos cómo integrar este servicio a la aplicación, además de cómo modificar la interfaz gráfica para que las aplicaciones se adapten a cualquier dispositivo.

2. Mapas en *Android*

☞ HILO CONDUCTOR

Google Maps es un servicio de *Google* que hoy es muy utilizado no solo por usuarios de páginas web, sino también por usuarios de aplicaciones donde las posibilidades se multiplican al poder usar los recursos propios de los dispositivos móviles para la ayuda a la navegación, tanto en vehículos como caminando.

BarraLibre tiene el propósito de incluir en todas las aplicaciones que publique un mapa que ayude a encontrar de forma más sencilla e intuitiva sus locales, y la mejor forma de hacerlo es a través del uso del servicio *Google Maps* y su API. En esta unidad veremos las posibilidades que nos ofrece *Android Studio* para incluir este tipo de servicios.

2.1. Iniciando una *Activity* de mapas

Para poder hacer uso del servicio de *Google Maps, Android Studio* dispone de una plantilla de actividad específica denominada *Google Maps Activity.*

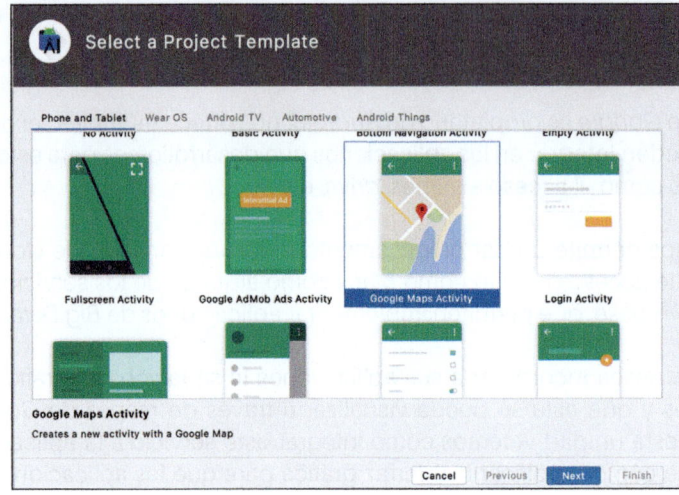

Google Maps Activity permite crear aplicaciones con mapas integrados.

IMPORTANTE

Antes de poder iniciar una aplicación de *Google Maps*, debes descargar en *Android Studio* los *Google Play Services* desde la opción **Tools → SDK Manager → SDK Tools.**

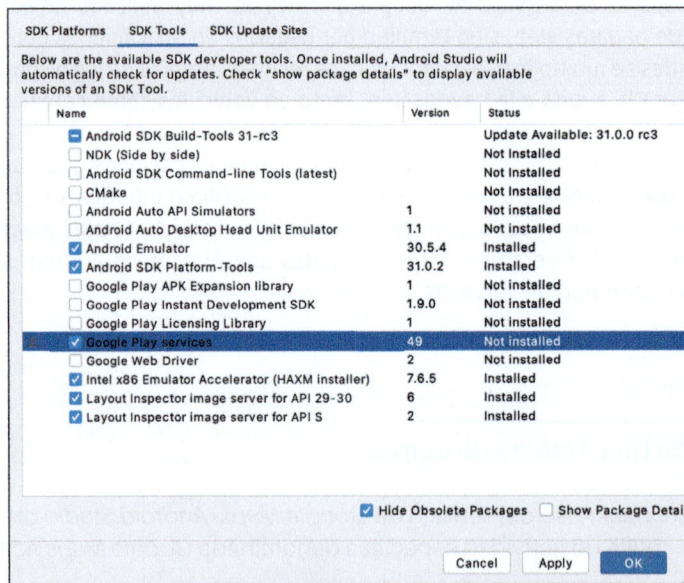

Marcamos la casilla Google Play Services

2.2. Credenciales de la API de *Google Maps*

Para poder utilizar los servicios de *Google Maps* debemos solicitar las claves de acceso a la API de este servicio.

 SABÍAS QUE...

Para solicitar acceso a la API de *Google Maps*, tenemos que acceder a la URL, tal y como se indica en el archivo *google_maps_api.xml* que se genera al crear dicha aplicación.

https://redirectoronline.com/ifcm018po0501

Para registrar la nueva aplicación en la URL indicada anteriormente, completaremos el formulario y aceptaremos las condiciones del servicio.

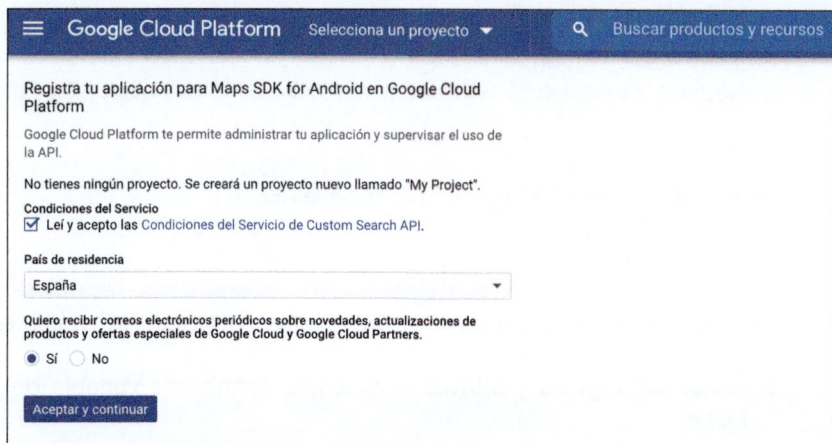

Es importante aceptar las condiciones del servicio de Google.

Una vez creada la API, procederemos a crear las credenciales; tardará unos pocos minutos hasta que nos aparezca la siguiente pantalla:

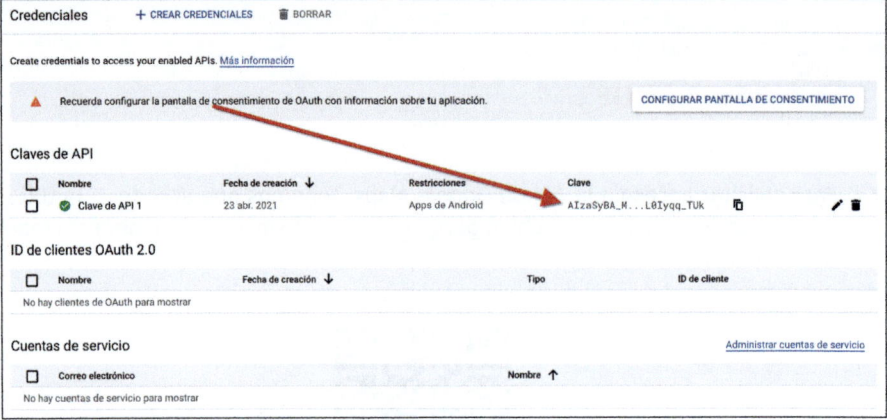

Pantalla de credenciales

 **NOTA**

Copia y pega la clave API en el archivo *google_maps_api.xml* de tu aplicación dentro de la siguiente etiqueta:

```
<string name="google_maps_key" templateMergeStrategy="
preserve" translatable="false">YOUR_KEY_HERE</string>
```

Luego sustituye *YOUR_KEY_HERE* por la clave API.

Los pasos que seguir para fijar la situación en el mapa son los siguientes:

➲ **Situar la longitud y latitud:** deberemos definir una variable de tipo *LatLn*.

```
val situacion = LatLng(41.64088825750552,
-4.736586175915099)
```

⮕ **Añadir un marcador:** podremos añadir un marcador a un punto determinado con el método *addMarker* con el código siguiente:

```
mMap.addMarker(MarkerOptions().position(situacion).
title("Situación del local"))
```

⮕ **Mover y centrar la cámara:** por último, centraremos el foco o cámara en dicho punto, asignando el *zoom* que deseemos.

```
mMapmoveCamera(CameraUpdateFactory.newLatLng(situacion))
mMapmoveCamera(CameraUpdateFactory.
newLatLngZoom(situacion, 15f))
```

El código completo para establecer el mapa sería:

```
override fun onMapReady(googleMap: GoogleMap) {
    mMap = googleMap

    // Add a marker in position and move the camera
    val situacion = LatLng(41.64088825750552, -4.736586175915099)

    mMap.addMarker(MarkerOptions().position(situacion).title("Situación del local"))
    mMap.moveCamera(CameraUpdateFactory.newLatLng(situacion))
    mMap.moveCamera(CameraUpdateFactory.newLatLngZoom(situacion, 15f))

}
```

El objeto googleMap ya viene creado con la plantilla, solamente se tendrá que establecer el punto donde posicionar la cámara.

Una vez ejecutada la aplicación, esta nos mostraría el mapa en *Google Maps*.

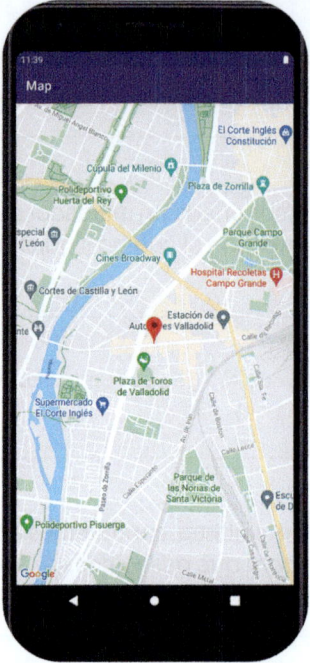

*El marcador se situará en la
posición indicada.*

ACTIVIDAD COMPLEMENTARIA

5. Hemos visto cómo crear las credenciales para usar el servicio de *Google Maps.* Pero estas credenciales podrían ser utilizadas por cualquier aplicación *Android,* incluso por otros desarrolladores ajenos a nosotros.

   Investiga la forma de evitar que otras aplicaciones utilicen las credenciales creadas para una aplicación en concreto.

TAREA 9

BarraLibre desea disponer de una *Activity* donde el usuario seleccione de un *Spinner* una localidad y se muestre en un mapa de *Google Maps* un marcador de la ubicación de dicho local.

Continúa en página siguiente >>

<< Viene de página anterior

Deberás crear una aplicación con una base de datos para almacenar la localidad, nombre del local, y longitud y latitud donde se encuentra el local.

Una vez que el usuario seleccione en el _Spinner_ la localidad y pulse sobre un botón, abrirás otra _Activity_ con el mapa marcado por la situación de dicho local.

Las ubicaciones de los locales son:

Localidad	Nombre del local	
Valladolid	Alameda	41.61792960356955, −4.749902035267163
Madrid	Alcalá	40.42041094619219, −3.6901492154801248
Toledo	Zocodover	39.86050535817488, −4.023826821037407
Alicante	Explanada de España	38.34269881516753, −0.4852229658202545

---

3. Interfaz gráfica

☞ HILO CONDUCTOR

En una aplicación la interfaz gráfica ofrecida al usuario es fundamental para una buena experiencia al hacer uso de la app.

Por ello, es conveniente adaptar todas las actividades al máximo de dispositivos posibles y condiciones de luz.

BarraLibre quiere que la mayoría de los usuarios de sus aplicaciones accedan a través de dispositivos móviles y tabletas, por eso nos ha pedido que adaptemos la app a estos dos tipos de dispositivos.

En este apartado veremos cómo adaptar las _Activities_ a los diferentes tipos de dispositivos.

Para crear una buena interfaz gráfica, deberemos por lo menos crear versiones de visualización para móviles y tabletas.

Para crear alternativas de interfaces, desplegaremos el menú orientación de la barra de herramientas del *layout.*

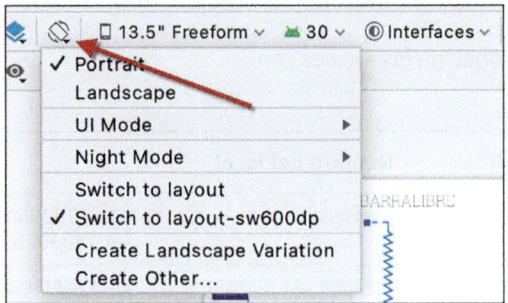

Ahora solo nos quedaría diseñar un layout para cada uno de los dispositivos.

NOTA

La posición de tu aplicación en *Google Play* va a depender, entre otros factores, de la adaptabilidad de los *layouts* a los diferentes tipos de dispositivos.

APLICACIÓN PRÁCTICA

La aplicación que estamos desarrollando necesita disponer de un menú de botones y de un *ListView* donde visualizar ciertos datos, dependiendo del botón pulsado. ¿Qué alternativa o alternativas aplicarías para una correcta visualización de esta actividad en un móvil y en una tableta?

a. *Movil Portrait* **con el menú arriba y el** *Listview* **abajo –** *Tablet Landscape* **con el menú a la izquierda y el** *Listview* **a la derecha.**

b. *Movil Landsacape* **con el menú arriba y el** *Listview* **abajo –** *Tablet Landscape* **con el menú a la izquierda y el** *Listview* **a la derecha.**

Continúa en página siguiente >>

<< Viene de página anterior

c. ***Movil Portrait*** **con el menú arriba y el** *Listview* **abajo -** *Tablet Portrait* **con el menú arriba y el** *Listview* **abajo, salvo cuando el usuario gire la tableta, que deberá de ser** *Landscape* **con el menú a la izquierda y el** *Listview* **a la derecha.**

Solución

La opción correcta es la c. Tanto para móviles como para tabletas, deberemos partir de vista vertical o *Portrait*, ya que nos podremos encontrar con tabletas de pequeño tamaño (7"), pero cuando se giran sí disponemos de espacio para distribuir el contenido.

Por ejemplo, podremos diseñar una interfaz donde mostremos, en la versión para móviles, *Buttons* en la parte superior para elegir el tipo de servicio de BarraLibre, y en la parte inferior, una ListView con los menús disponibles.

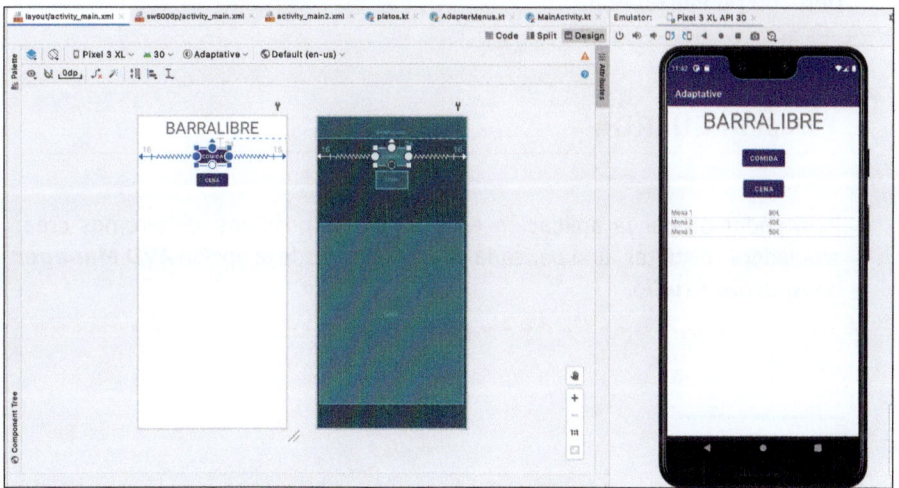

Interfaz para la versión móvil de la aplicación de BarraLibre

Una vez diseñada la versión para móvil, se procederá a crear todas las posibles alternativas que deseemos dar a la interfaz, por ejemplo, la versión para tableta.

[201]

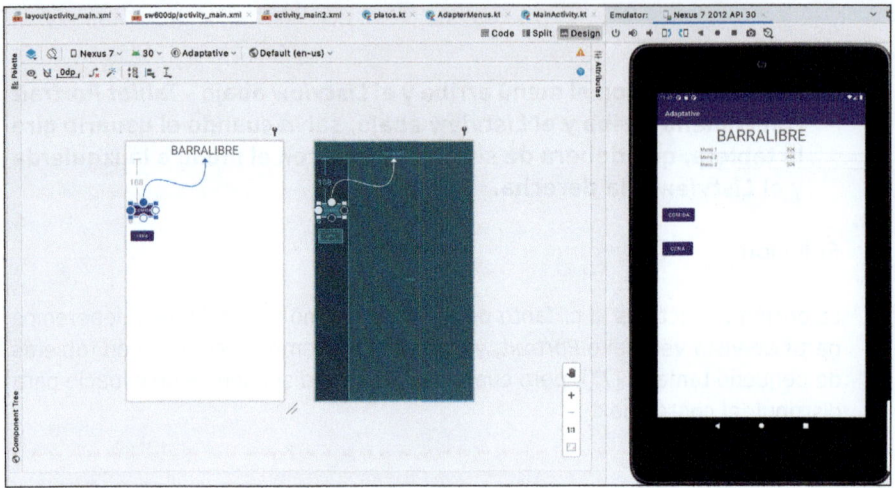

Versión para tableta

En esta versión, para aprovechar el espacio que tienen estos dispositivos, se han situado los botones en el lado izquierdo de la pantalla, dejando el lado derecho para la tableta.

 **RECUERDA**

Para poder probar la aplicación en distintos dispositivos, deberemos crear emuladores distintos, uno por cada dispositivo, desde la opción *AVD Manager* de *Android Studio.*

4. Resumen

Google Maps es el servicio de mapas digitales más usados en el desarrollo de aplicaciones.

Para poder incorporar un mapa a nuestra aplicación, deberemos seleccionar al crear la actividad del proyecto la plantilla *Google Maps Activity.*

Antes de poder iniciar una aplicación de *Google Maps,* es necesario descargar en *Android Studio* los *Google Play Services* desde la opción *Tools / SDK Manager / SDK Tools.*

Para incorporar un mapa de *Google* es imprescindible hacerse con las credenciales de la API de *Google Maps.* Una vez identificadas y aceptadas las condiciones del servicio, se podrán solicitar las credenciales para cada una de las aplicaciones que usen este servicio.

Cuando estén realizadas estas tareas previas, ya se podrá manejar el mapa mediante el objeto de Kotlin **googleMap.**

Mediante el tipo de variable *LatLng,* podremos fijar ubicaciones dentro del mapa que se genera a través del objeto mencionado anteriormente.

Las interfaces son los elementos más importantes del desarrollo de cualquier aplicación, ya que es la parte visible para el usuario.

Como los usuarios disponen de diversos dispositivos para ejecutar aplicaciones para *Android,* las interfaces de la aplicación deberán estar preparadas para ser visualizadas en cualquier tamaño de pantalla.

Para ello se dispone de la opción **Orientation** en *Android Studio,* donde podremos desarrollar diferentes tipos de interfaces:

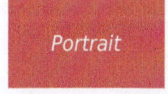 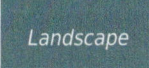 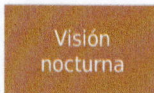 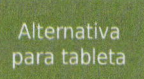

La posición de la aplicación en *Google Play* en buena medida va a depender de las posibilidades de adaptación a distintos dispositivos.

Ejercicios de autoevaluación
Unidad de Aprendizaje 5

1. ¿Cómo se denomina el servicio de mapas de *Google?*

    a. *Google Drive.*
    b. *Google Mpas.*
    c. *Google Maps.*
    d. *Google Roters.*

2. **Para crear una aplicación con mapas, ¿qué actividad deberemos crear?**

    a. *Google Maps Activity.*
    b. *Empty Activity.*
    c. *Blank Activity.*
    d. *Full Screen Activity.*

3. **Para poder incorporar un mapa, deberemos agregar en** *Android Studio...*

    a. ... *Google Legacy.*
    b. ... *Google Web Service.*
    c. ... *Google Play Services.*
    d. ... *Google Play APK.*

4. **Para solicitar las credenciales para usar los mapas de** *Google,* **¿a dónde deberemos acceder?**

    a. *Google Maps.*
    b. *Google Cloud Plataform.*
    c. *Google Mail.*
    d. *Google Drive.*

5. **La credencial facilitada por** *Google* **para la incorporación de mapas empieza por...**

    a. ... Alz.
    b. ... AZi.

   c. ... Iza.
   d. Todas las opciones son incorrectas.

6. **Indica si esta afirmación es verdadera o falsa: "Es posible limitar el uso de una credencial del servicio de mapas de *Google* a una sola aplicación".**

   ■ Verdadero
   ■ Falso

7. **Si deseamos que la interfaz de nuestra aplicación se visualice de forma distinta cuando giramos el móvil horizontalmente, deberemos crear una *Activity* con alternativa a:**

   a. *Portrait*
   b. *Landscape*
   c. *Wrap_Content*
   d. *Match_Content*

8. **Uno de los aspectos en los que influye una buena adaptación de la aplicación a distintos tipos de dispositivos o alternativas de visualización es:**

   a. Más ingresos en la venta de la aplicación.
   b. Más repercusión en redes sociales.
   c. Mejor posición de la aplicación en *Google Play*.
   d. Todas las opciones son incorrectas.

9. **Para crear una alternativa para visión nocturna de la interfaz, se deberá crear una versión en:**

   a. *Night Mode.*
   b. *Night Vision.*
   c. *Night Eyes.*
   d. No existe esa opción.

10. Para poder probar las distintas versiones de una interfaz, ¿qué necesitaremos?

    a. Adquirir diferentes tipos de dispositivos físicos.
    b. Crear emuladores desde el SDK.
    c. Crear emuladores en modo programación.
    d. Crear emuladores desde el *AVD Manager*.

Crear una aplicación

Contenido

1. Introducción
2. Archivo de manifiesto
3. Configurar el *plugin* ADT y el SDK *Android*. Crear una AVD
4. Interfaz de usuario en *Android*
5. Integrar un menú básico. Editar. Crear formularios
6. Estados de una aplicación. Uso del *ArrayAdapter*
7. Uso del *CursorAdapter*
8. Editor de bases de datos SQLite
9. Crear un servicio. Arrancar y parar el servicio. Conectar y desconectar el servicio
10. Aprender a instalar el IDE *Eclipse*
11. API de *Google Maps*
12. Preparación de la aplicación: nombrar. Restos de trazas de código y *Debug*
13. Firma
14. Publicación
15. Actualizaciones
16. Resumen

Objetivos

Los objetivos generales de esta Unidad de Aprendizaje son:

→ Configurar el archivo *Manifest*.

→ Firmar una aplicación para su publicación.

→ Publicar y actualizar aplicaciones en la *Google Play*.

Los objetivos específicos de esta Unidad de Aprendizaje son:

→ Configurar un emulador.

→ Configurar un emulador en *Android Studio*.

→ Utilizar el *ArrayAdapter*.

→ Usar el *CursorAdapter*.

→ Mostrar mapas en aplicaciones *Android*.

1. Introducción

El objetivo de cualquier aplicación *Android* es que esta se pueda distribuir, ya sea de forma gratuita o para obtener beneficios por su descarga, su uso o por publicidad. En esta unidad vamos a aprender cómo preparar la aplicación para su distribución en *Google Play.*

Para poder publicar una aplicación, deberemos contar con una cuenta de desarrollador en *Google.* La aplicación necesitará estar testada y libre de errores, pues la reputación de la aplicación es importante en su posicionamiento en la tienda de *Google.*

BarraLibre desea culminar su aplicación de reservas y ofertas de servicios para posteriormente ponerla a disponibilidad de sus potenciales clientes en *Google Play* de forma gratuita. Para ello, BarraLibre va a obtener su cuenta de desarrollador de *Google* para poder firmar y subir la aplicación a la tienda.

2. Archivo de manifiesto

☞ HILO CONDUCTOR

El archivo manifiesto o *manifest* permite realizar configuraciones básicas de nuestra aplicación, tales como la inclusión de permisos que se solicitarán al usuario, seleccionar la *Activity* inicial, etc.

La aplicación de BarraLibre necesita ajustes iniciales como la concesión de permisos de internet para poder acceder a servicios como, por ejemplo, *Google Maps,* o permisos de almacenamiento de datos en el dispositivo móvil. Todas estas configuraciones que van a permitir el uso de la app se harán en el archivo *manifest.*

El archivo *Androidmanifest* se encuentra localizado en la carpeta *manifest,* en el explorador del proyecto.

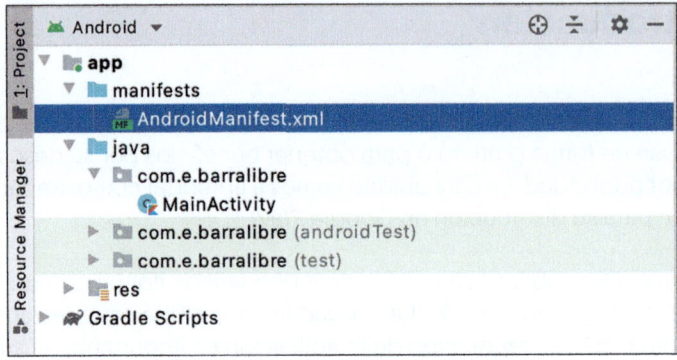

El archivo de configuración AndroidManifest.xml se halla dentro de la carpeta manifest.

2.1. Concesión de permisos

Para realizar ciertos procesos en una aplicación *Android,* será necesario conceder permisos a la aplicación, como el de internet si la app necesita realizar consultas o traer datos de la red.

También podría ser necesario que la aplicación tenga permisos de almacenamiento *(Storage)* para almacenar o recuperar datos del dispositivo.

Estas tareas las deberemos realizar dentro del archivo *manifest* con la etiqueta XML.

```
<uses-permission
android:name="nombre del permiso"/>
```

Supongamos que nuestra aplicación debe disponer de los siguientes permisos:

○ **Permiso de internet:** sirve para que la aplicación se pueda conectar a servicios de internet con el fin de extraer información o enviar datos a un servidor de internet.
La etiqueta que se debe incluir en el archivo "androidManifest.xml" es:

```
<uses-permission
android:name="android.permission.INTERNET"/>
```

○ **Permiso de estado de wifi:** permite conocer si el dispositivo está conectado a una red wifi o, por el contrario, está consumiendo datos.
La etiqueta que se debe incluir en el archivo "androidManifest.xml" es:

```
<uses-permission
android:name="android.permission.ACCESS_WIFI_STATE"/>
```

○ **Permiso de almacenamiento de datos:** permite almacenar información en el dispositivo, ya sea en la memoria interna o en una memoria externa.

```
<uses-permission
android:name="android.permission.WRITE_EXTERNAL_
STORAGE"/>
```

 ## PARA SABER MÁS

Para más información sobre el uso de permisos en las aplicaciones *Android*, entra en la web oficial del desarrollador *Android*:

https://redirectoronline.com/ifcm018po0601

Ejemplo práctico

Supongamos que deseamos mostrar en un *GridView* las imágenes y precios de los platos ofrecidos por BarraLibre. Estas imágenes se encuentran en un servidor externo, y para que la aplicación los pueda mostrar, deberemos conectarla vía internet.

Diseñaremos una actividad con un *GridView* que se podrá localizar dentro de la paleta en la sección de *Legacy*.

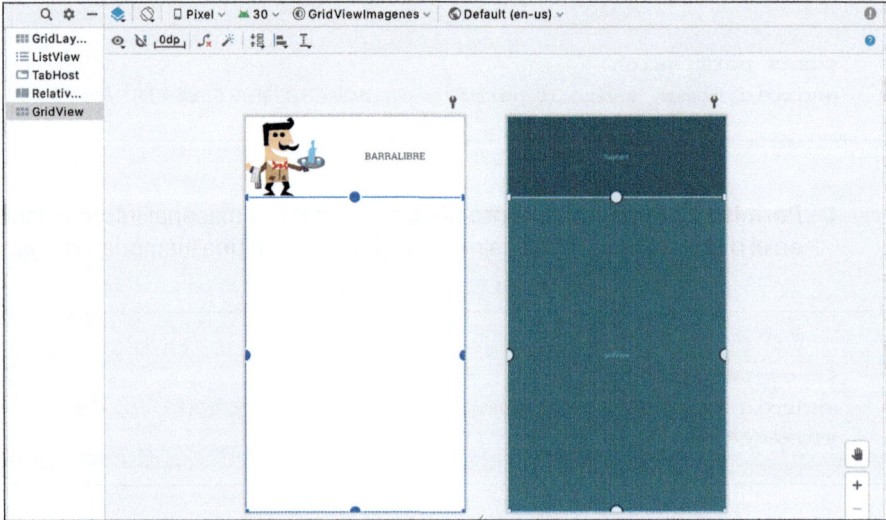

Hay que ajustar la Constraint del GridView para que este no ocupe todo el espacio de la Activity.

Las propiedades más importantes del *Gridview* son:

- ⊃ *numColumns:* esta propiedad permite indicar el número de columnas que debe crear el *GridView.* Se podrá usar el valor *auto_fit* para que sea la aplicación la que calcule el número de columnas en función del espacio del dispositivo y de la información a mostrar.
- ⊃ *horizontalSpacing:* permite indicar el espacio entre columnas en su eje X.
- ⊃ *columnWidth:* nos permite indicar el tamaño de las columnas a mostrar. Por omisión de esta propiedad será la aplicación la que calcule el tamaño de cada una de las columnas.
- ⊃ *verticalSpacing:* permite indicar el espacio entre columnas en su eje Y.

RECUERDA

Debemos colocar en el archivo **AndroidManifest** el permiso de internet para poder acceder desde la aplicación a la red y poder tomar las imágenes.

```
<uses-permission
android:name="android.permission.INTERNET"/>
```

Para incorporar las imágenes de una forma sencilla, haremos uso de una librería externa llamada *Glide*.

Esta librería permite obtener una imagen desde una URI y colocarla en un componente *ImagenView*.

Para obtener esta librería externa deberemos incorporarla a nuestra aplicación y realizar los siguientes procesos:

- ⇒ **Acceder a la web oficial de *Glide*:** en el apartado *Download/Setup* de la web, encontraremos instrucciones de cómo agregar la librería a un proyecto *Android*.
- ⇒ **Colocar la dependencia en el archivo *Build.Gradle* del proyecto:** colocaremos en el archivo *Build.Gradle* la siguiente línea:

```
implementation
"com.github.bumptech.glide:glide:4.11.0"
```

```
You can configure Gradle wrapper to use distribution with sources. It will provide IDE with Gradle ... Hide the tip    Ok, apply suggestion

Gradle files have changed since last project sync. A project sync may be necessary for the IDE to w... Sync Now    Ignore these changes

24              }
25          }
26          compileOptions {
27              sourceCompatibility JavaVersion.VERSION_1_8
28              targetCompatibility JavaVersion.VERSION_1_8
29          }
30          kotlinOptions {
31              jvmTarget = '1.8'
32          }
33      }
34
35  ▶   dependencies {
36
37          implementation "org.jetbrains.kotlin:kotlin-stdlib:$kotlin_version"
38          implementation 'androidx.core:core-ktx:1.2.0'
39          implementation 'androidx.appcompat:appcompat:1.1.0'
40          implementation 'com.google.android.material:material:1.1.0'
41          implementation 'androidx.constraintlayout:constraintlayout:1.1.3'
42          implementation "com.github.bumptech.glide:glide:4.11.0"
43          implementation 'androidx.legacy:legacy-support-v4:1.0.0'
44          implementation 'androidx.gridlayout:gridlayout:1.0.0'
45          testImplementation 'junit:junit:4.+'
46          androidTestImplementation 'androidx.test.ext:junit:1.1.1'
47          androidTestImplementation 'androidx.test.espresso:espresso-core:3.2.0'
48      }
```

Deberemos incorporar la línea en el archivo Build.Gradle, posteriormente haremos clic en el link Sync Now.

A continuación, vamos a preparar el *layout* que incorporaremos al *GridView;* consistirá en un *ImageView* donde se incluirá la imagen externa y un *TextView* con el precio del plato que se ofrece.

Para realizar esta tarea, iremos a *New → XML → Layout XML File.*

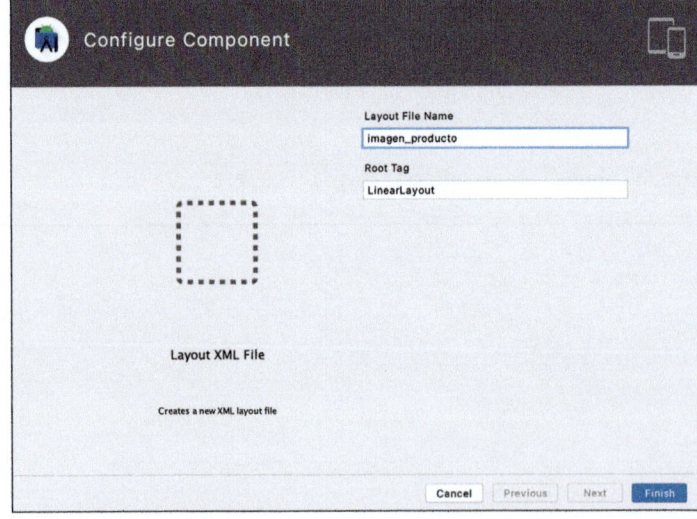

Denominaremos a este fichero XML imagen_producto.

NOTA

Los nombres de los *layouts* no deben contener mayúsculas, espacios, tildes ni la letra eñe.

El *layout* consistirá, como hemos comentado, en un *LinearLayout* vertical con un *ImageView* y un *TextView* a los que vamos a identificar como *imagenPlato* y *tituloPlato*.

El código XML será el siguiente:

```
1   <?xml version="1.0" encoding="utf-8"?>
2   <LinearLayout xmlns:android="http://schemas.android.com/apk/res/android"
3       xmlns:app="http://schemas.android.com/apk/res-auto"
4       android:layout_width="match_parent"
5       android:layout_height="match_parent"
6       android:orientation="vertical"
7       >
8
9       <ImageView
10          android:id="@+id/imagenPlato"
11          android:layout_width="match_parent"
12          android:layout_height="wrap_content" />
13      <TextView
14          android:id="@+id/tituloPlato"
15          android:layout_width="match_parent"
16          android:layout_height="wrap_content"
17          android:layout_marginTop="20dp"
18          android:paddingTop="30dp"
19          android:textAlignment="center"/>
20  </LinearLayout>
```

La orientación del LinearLayout deberá ser horizontal para que la disposición de la imagen quede por encima del título.

Crearemos una clase para la lógica del programa donde deberemos disponer de un campo para ubicar la URI de la imagen y otro campo para ubicar el título del plato.

```
1    package com.e.gridviewimagenes
2
3    class fichaPlato {
4        var imagen:String? = null
5        var titulo:String? = null
6
7        constructor(imagen: String?, titulo: String?) {
8            this.imagen = imagen
9            this.titulo = titulo
10       }
11   }
```

En la clase que vamos a crear dispondremos los datos necesarios para llenar el GridView.

Como ya vimos en la unidad anterior, hay que disponer de un *Adapter* para comunicar una fuente de datos con un objeto, como es un *GridView* o una *ListView.*

Pasemos a construir este *Adapter:*

```
33   override fun getView(position: Int, convertView: View?, parent: ViewGroup?): View {
34       var inflater = context!!.getSystemService(Context.LAYOUT_INFLATER_SERVICE) as LayoutInflater
35       var row = inflater.inflate(R.layout.imagen_producto, root: null)
36       var imagen = row.findViewById<ImageView>(R.id.imagenPlato)
37       var titulo = row.findViewById<TextView>(R.id.tituloPlato)
38       Glide.with(context!!)
39           .load(imagenes[position].imagen)
40           .into(imagen)
41       titulo.text = imagenes[position].titulo
42       return row
43   }
```

Una vez "inflado" el layout, colocaremos la imagen y el título.

Para utilizar *Glide* y colocar la imagen, deberemos indicar de forma obligatoria dos propiedades:

- **Load:** permite indicar la fuente de donde obtener la imagen (uri, drawable, campo de base de datos, etc.).
- **Into:** sirve para señalar el identificado del *ImageView* donde mostrar la imagen.

Ahora ya solo nos queda incluir la lógica de la carga de las imágenes en el *GridView* de la actividad.

```
15       var gridView = findViewById<GridView>(R.id.gridView)
16       var listaImagenes = ArrayList<fichaPlato>()
17
18       listaImagenes.add(fichaPlato( imagen: "https://media-cdn.tripadvisor.com/media/photo-s/1b/1c/b1/cf/photo4jpg.jpg",
     titulo: "PLATO 1 - 12,00€"))
19       listaImagenes.add(fichaPlato( imagen: "https://crujienteyaldente.com/wp-content/uploads/2018/02/plato-pequeno-1.jpg",
     titulo: "PLATO 2 - 22,00€"))
20       listaImagenes.add(fichaPlato( imagen: "https://media-cdn.tripadvisor.com/media/photo-s/13/44/6a/ab/platos-restaurante-las
     .jpg", titulo: "PLATO 3 - 32,00€"))
21       listaImagenes.add(fichaPlato( imagen: "https://encrypted-tbn0.gstatic
     .com/images?q=tbn:ANd9GcQN99tvm1s0qMDN28jz7vT9T2Ryle1VNyxb9A&usqp=CAU", titulo: "PLATO 4 - 22,00€"))
22
23       var adapter = adapterGridviewImagenes( context: this, listaImagenes)
24       gridView.adapter = adapter
```

En las líneas 18 a 21 cargamos los datos en el *ArrayList* indicando la URL de las imágenes a mostrar en el *GridView*.

En la línea 23 pasamos el *ArrayList* al *Adapter,* y en la 24 vinculamos el *Adapter* al *GridView*.

NOTA

Cuando se carga una URL a una aplicación es imprescindible que a esta se acceda con el protocolo https; en caso contrario, la aplicación mostrará un error de seguridad.

Con la librería *Glide* y el método *circleCrop* puedes conseguir efectos en las imágenes como el siguiente:

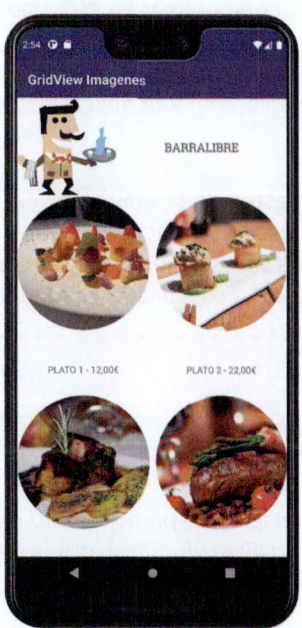

ACTIVIDAD COMPLEMENTARIA

6. Hemos utilizado para la carga de imágenes en un *ImageView* la librería *Glide*. Averigua si existe alguna librería similar para realizar estos procesos de carga.

3. Configurar el *plugin* ADT y el SDK *Android*. Crear una AVD

 HILO CONDUCTOR

Durante un tiempo, para desarrollar aplicaciones *Android* se hacía uso de otras aplicaciones como *Eclipse* para programar. Estas aplicaciones requerían de un *plugin* (ADT) para poder programar en este tipo de lenguajes.

Desde la aparición de *Android Studio,* estas aplicaciones se han ido abandonando y los desarrolladores migraron a la aplicación oficial de *Android,* desarrollada por *Google.*

Para el desarrollo y testeo de la aplicación de BarraLibre debemos disponer correctamente instalados emuladores desde el administrador de dispositivos virtuales, AVD, por sus siglas en inglés. En este apartado aprenderemos a configurar este tipo de emuladores desde *Android Studio.*

3.1. Configurar el *plugin* ADT

ADT fue un *plugin* de *Eclipse* para *Android* que se necesitaba para poder programar en *Android.* Este *pluglin* se debía descargar junto al SDK del propio lenguaje e instalarlo.

El proceso duraba bastante tiempo y no era compatible con todos los sistemas operativos.

Actualmente, se ha generalizado el desarrollo en el IDE oficial de *Google, Android Studio,* que con su simple instalación se integrarán todos los componentes necesarios para programar. Además, cuenta con un sistema de actualización automática, por lo que no hay que estar pendiente de las sucesivas actualizaciones de *Android* para instalarlas.

 PARA SABER MÁS

En el siguiente enlace puedes ver cómo se instalaba y configuraba el ADT y SDK de *Android* en *Eclipse:*

https://redirectoronline.com/ifcm018po0602

3.2. Crear una AVD

Para crear un emulador en *Android Studio,* deberemos ir al administrador de dispositivos virtuales que encontraremos en la opción **Tools → AVD Manager** del menú principal o desde el icono de acceso directo en la barra de herramientas.

Una vez que hemos iniciado el AVD, nos encontraremos con la siguiente ventana:

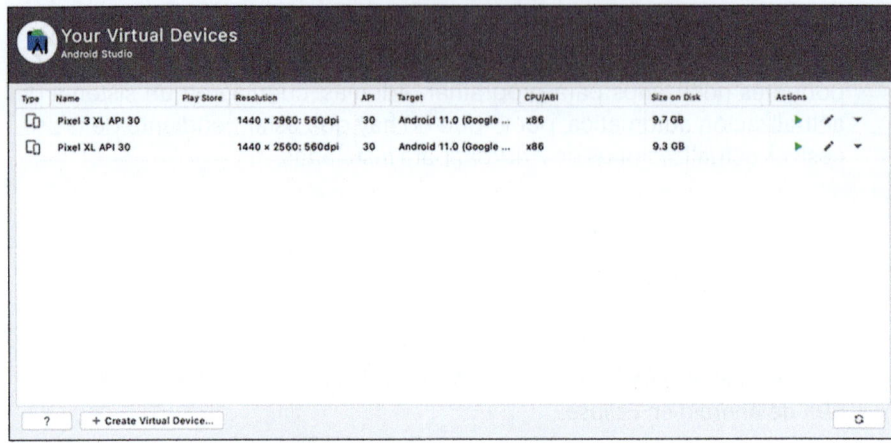

Ventana principal del AVD de Android Studio

IMPORTANTE

Para poder instalar y configurar un emulador en *Android Studio,* es necesario tener instalado el acelerador de *hardware* (HAXM). Este componente se instalará junto con el IDE de *Android Studio;* en caso de fallar su instalación se puede intentar desde **Tools → SDK Manager → SDK Tools.**

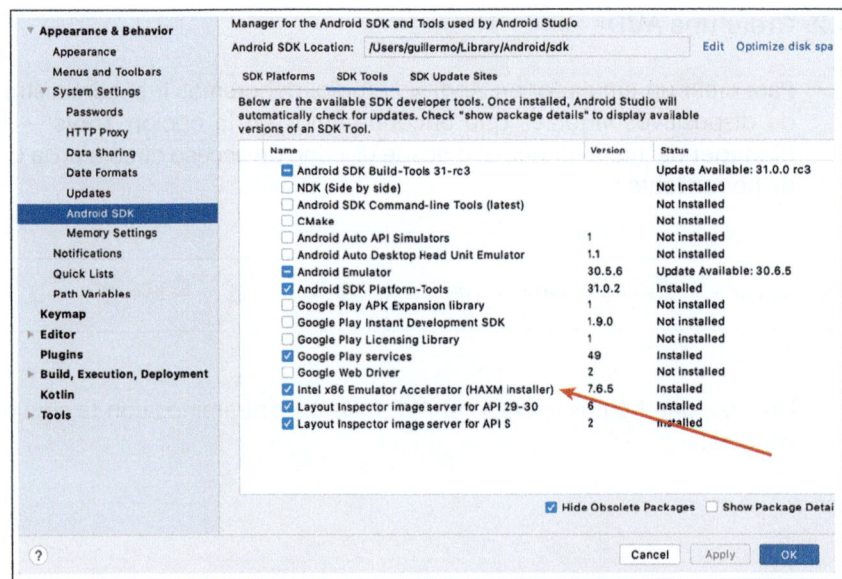

Para que el instalador de *hardware* se pueda instalar, el sistema de virtualización de la BIOS del ordenador debe estar activo. Es importante revisar el manual y configuración de la BIOS de tu PC.

 PARA SABER MÁS

Accede al siguiente enlace para ver cómo activar la virtualización en la BIOS. Consulta para ello el manual de ayuda:

https://redirectoronline.com/ifcm018po0603

No todas las BIOS que se instalan en los ordenadores soportan la virtualización y, por lo tanto, no podrás usar los emuladores de *Android,* sino probar las aplicaciones con un dispositivo físico.

Para crear un nuevo emulador en el AVD, haremos clic en el botón **Create Virtual Device.**

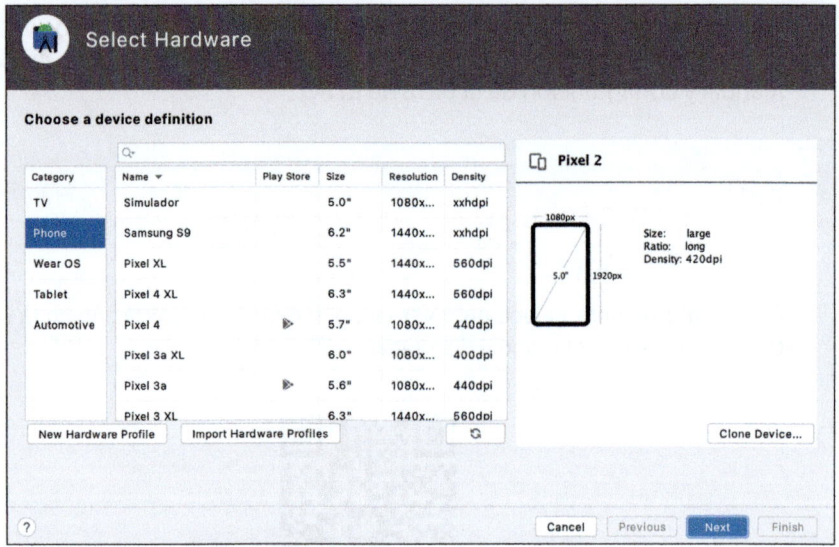

El AVD nos ofrece un listado de emuladores ya configurados y listos para su uso.

Podremos seleccionar un dispositivo del listado ofrecido. En el margen izquierdo también es posible seleccionar una categoría de dispositivo.

Además, disponemos de dos botones con las siguientes utilidades:

Entre las principales características que hay que definir al crear un nuevo dispositivo, tenemos:

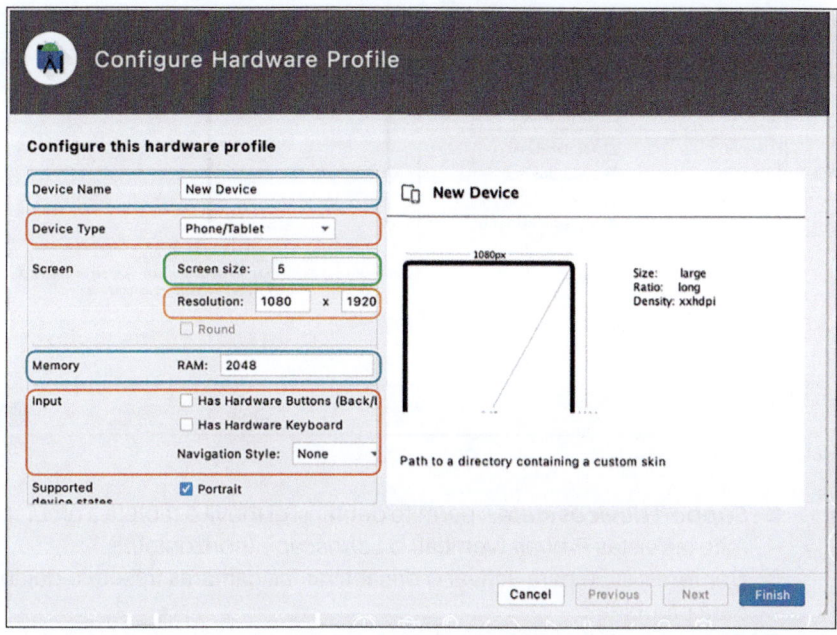

- ○ **Device name:** es el nombre que debemos definir al dispositivo para su posterior identificación.
- ○ **Device Type:** hay que seleccionar el tipo de dispositivo (móvil/tableta, *Wear,* automóvil, etc.).
- ○ **Screen size:** tamaño de la pantalla del dispositivo en pulgadas.
- ○ **Resolution:** señalar la resolución de la pantalla del dispositivo a emular.
- ○ **Memory:** indicar la memoria RAM a reservar para este dispositivo, por defecto, se reservan 2 MB.
- ○ **Input:** se podrá indicar si el dispositivo a emular dispone de menús de navegación físicos y no digitales, y si dispone de teclado físico en lugar de táctil.

Otras opciones que también podremos configurar en el emulador son:

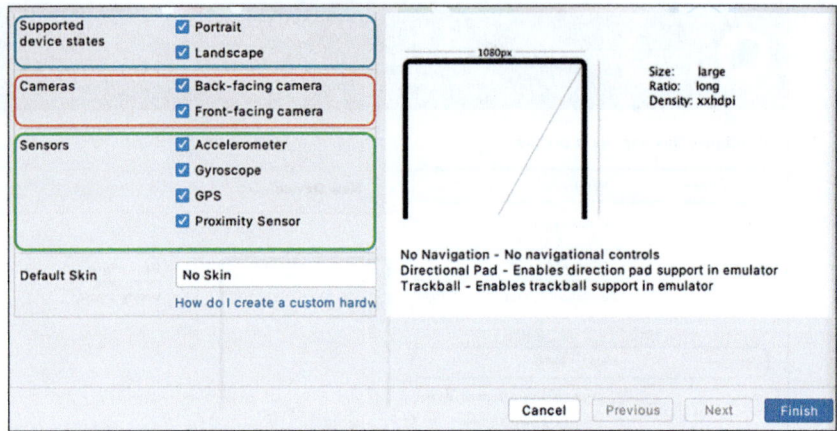

- **Support devices states:** permite definir si el móvil o tableta a emular permite las vistas *Protrait* (vertical) o *Landscape* (horizontal).
- **Cameras:** sirve para activar o desactivar las cámaras trasera o delantera para emularlas.
- **Sensor:** posibilita activar o desactivar algunos de los sensores del móvil (GPS, acelerómetro, etc.).

Una vez configurado el emulador, este aparece en el listado junto con sus características y posibles acciones a realizar.

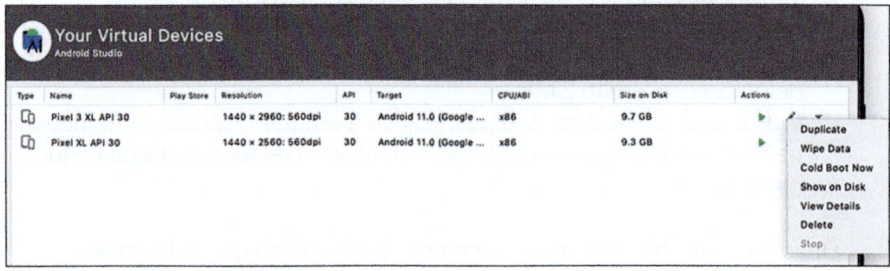

Desplegando el menú, podremos visualizar las posibles acciones con el emulador.

- **Duplicate:** permite duplicar el emulador y todas sus características.
- **Cool Boot Now:** pone en marcha al emulador.
- **View details:** nos muestra una ventana con todas las características del emulador.
- **Wipe Data:** podemos eliminar todos los datos que las aplicaciones emuladas han ido agregando con el fin de obtener espacio.
- **Show on Disk:** muestra en el explorador de *Windows,* en el *finder* de *Mac,* etc., los archivos del emulador.

⊃ **Delete:** elimina del disco al emulador y todos sus archivos.
⊃ **Stop:** detiene el emulador.

APLICACIÓN PRÁCTICA

**Para la aplicación que se está desarrollando, se ha de definir una reso-
lución muy concreta. Para ello, debemos definir en el emulador dicha
resolución. ¿Cuál es el lugar adecuado para definir dicha resolución?**

Solución

Esta opción se encuentra dentro del apartado *New Hardware Profile*, y deberemos indicar los datos de resolución (ancho por alto).

Una vez definidas las características principales en cuanto al *hardware* del
emulador, el siguiente paso consiste en definir el *software* del dispositivo
o, lo que es lo mismo, la versión de *Android* que deberá tener cargado el
emulador.

La lista de versiones aparece justo después de definir el *hardware* y pulsar
el botón **Next.**

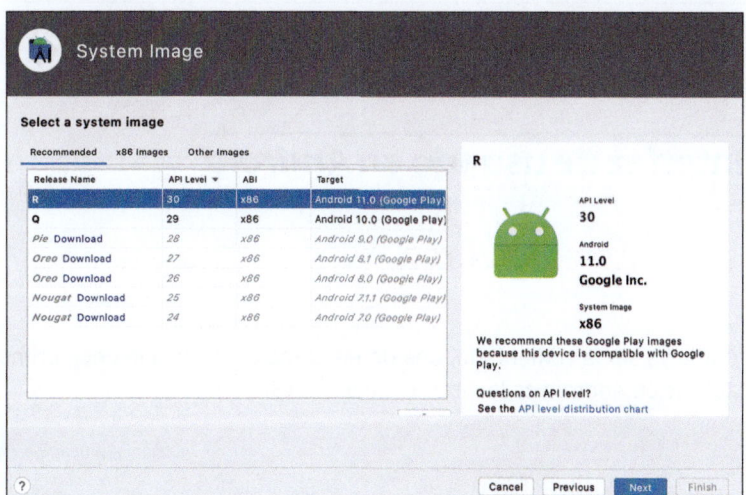

*Tomando una versión alta, podremos correr en el emulador aplicaciones para esa versión
de Android o inferiores.*

IMPORTANTE

Se necesita tener el SDK de la versión de *Android* que deseamos disponer, pudiéndose instalar desde la propia configuración del emulador o desde **Tools → SDK Manger.**

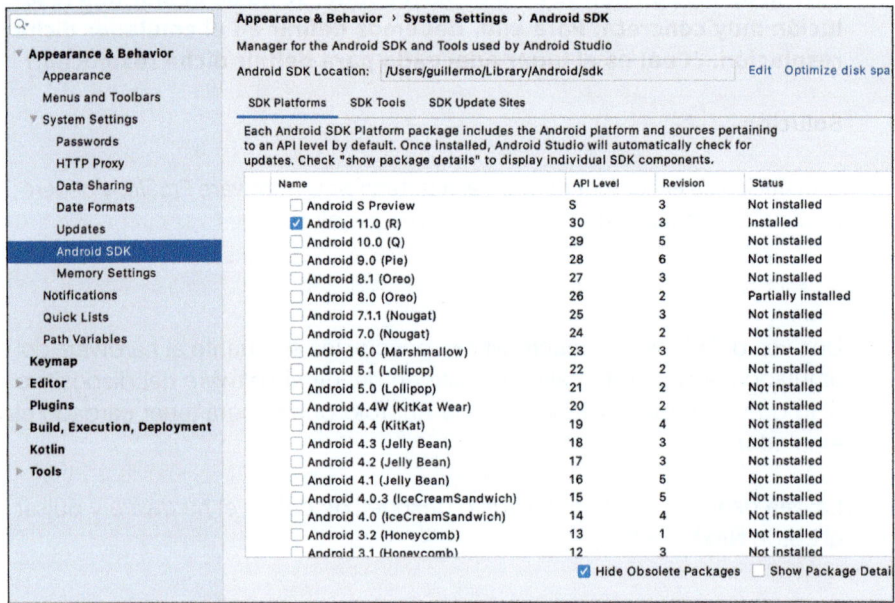

---

4. Interfaz de usuario en *Android*

👉 HILO CONDUCTOR

Como ya se ha comentado, una de las características que debe primar en una aplicación *Android* es la interfaz de usuarios.

Continúa en página siguiente >>

<< Viene de página anterior

Para crear estas interfaces, *Android Studio* dispone de varios componentes y *Widgets* (algunos de ellos ya los hemos utilizado). En este apartado vamos a conocer varios elementos de mejora de la interfaz.

BarraLibre desea que el usuario disponga de un configurador de pizzas donde pueda elegir entre un conjunto de ingredientes adicionales y un configurador de precios. A continuación veremos cómo incluir interfaces fáciles de usar por el usuario de la aplicación.

4.1. *Switchs*

Estos componentes de interfaz permiten al usuario que active o desactive una opción o conjunto de opciones.

Se encuentran dentro de la categoría de botones de la paleta de diseño.

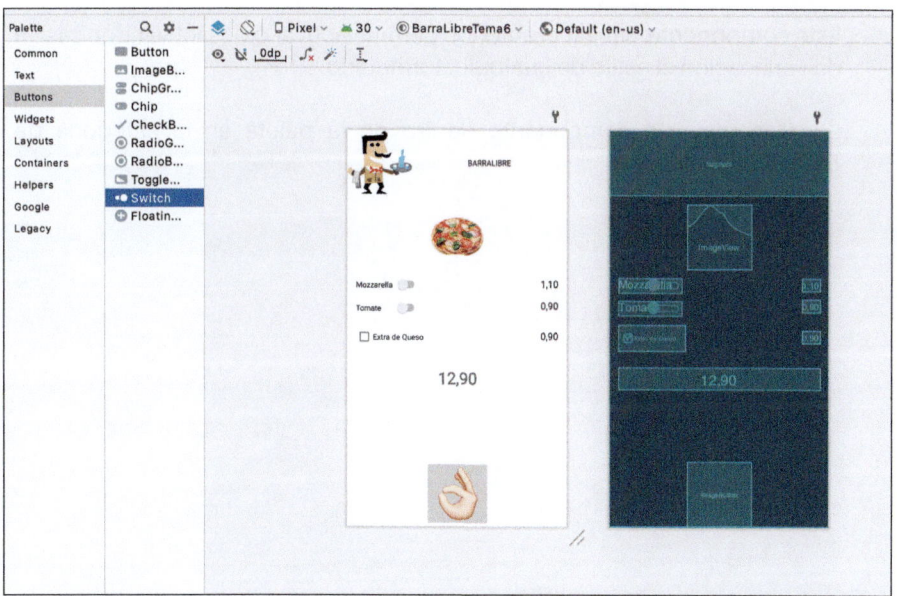

En el ejemplo, el usuario podrá elegir entre agregar a la pizza mozzarella o tomate, incrementando o decrementando su precio.

Las propiedades más importantes de los *Switch* son:

- **Id:** como en cualquier otro componente, nos permite identificar el componente en la fase de programación.
- ***Text:*** texto que se muestra al lado del componente para indicar al usuario el dato que está marcando o desmarcando.
- ***Checked:*** indica el estado inicial del componente: activado *(true)* o no activado *(false)*.

 SABÍAS QUE...

Puedes mostrar junto al *Switch* una imagen con las propiedades *drawableEnd, drawableStart, drawableTop* y *drawableBottom*.

4.2. CheckBox

Este componente, similar al anterior, permite activar o desactivar una casilla de verificación al estilo de cualquier formulario.

Localizamos este componente dentro de la paleta en la categoría de *Buttons.*

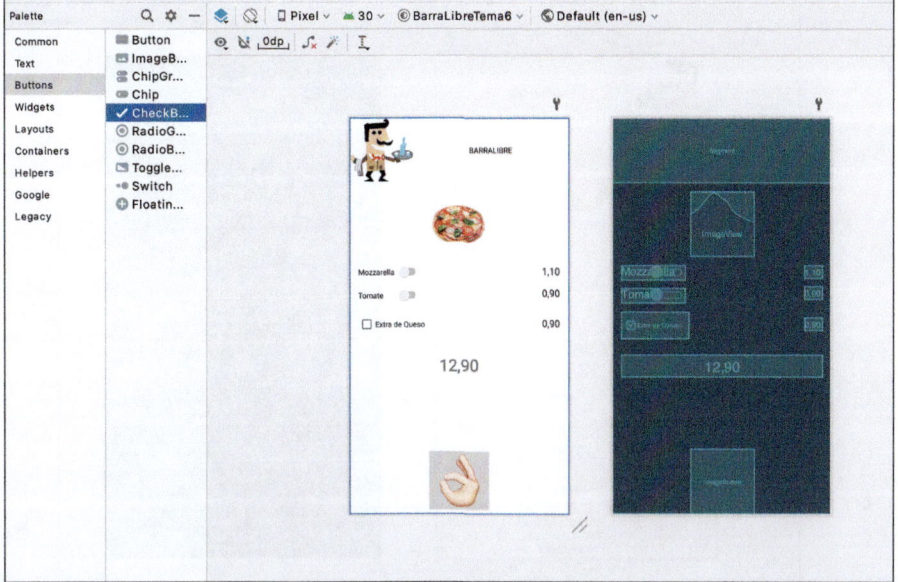

Los CheckBox son componentes que permiten al usuario marcar o desmarcar una o varias opciones que se ofrecen en el formulario.

Las propiedades importantes son las mismas que en el *Switch:* id, *text, checked.*

_____

Ejemplo práctico

Deseamos construir una actividad donde el usuario configure uno de los productos de BarraLibre. En este caso, va a ser una pizza, cuyo precio inicial es de 12,90 €. Pero el usuario puede añadirle mozzarella por 1,10 € más y tomate por 0,90 € más; ambos ingredientes se pueden activar o desactivar por componentes *Switch.*

Además, el usuario podrá agregar un extra de queso por 0,90 € a través de un *CheckBox.*

La actividad, de forma interactiva, debe incrementar o disminuir en función de los ingredientes seleccionados.

Partimos del siguiente *layout:*

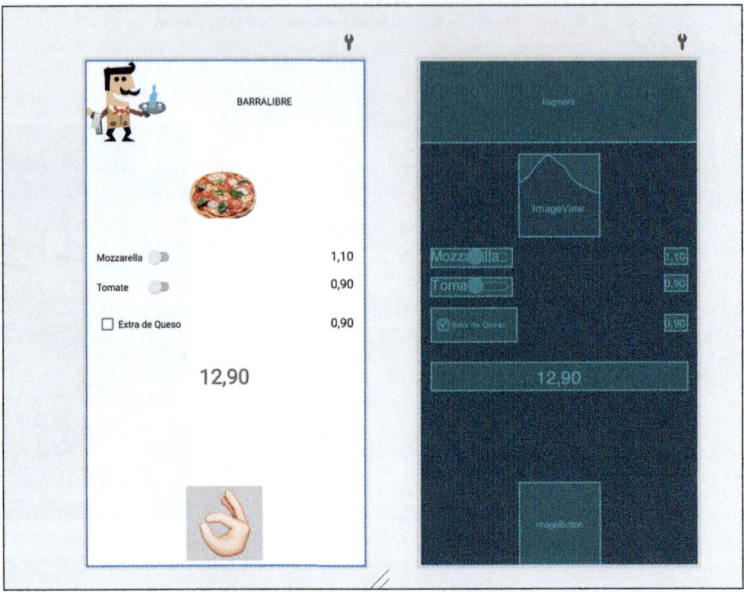

Incorporamos dos Switch, un CheckBox y un TextView en la Activity.

En primer lugar, vamos a definir cuatro variables de tipo *Float* para almacenar el precio total de la pizza que inicialmente tiene un costo de 12,90 €, así como los precios individuales de los ingredientes.

```
19      var precioTotal:Float = 12.90f
20      var precioMozzarela:Float = 1.10f
21      var precioTomate:Float = 0.90f
22      var precioQueso:Float = 0.90f
```

Instanciamos a continuación los componentes de la aplicación:

```
24      var mozzarella = findViewById<Switch>(R.id.swMozzarella)
25      var tomate = findViewById<Switch>(R.id.swTomate)
26      var queso = findViewById<CheckBox>(R.id.chQueso)
27      var total = findViewById<TextView>(R.id.pvpTotal)
```

Como queremos que nos devuelva el resultado con dos decimales y en formato europeo, vamos a necesitar crear dos variables de tipo:

⊃ ***DecimalFormat:*** nos permite crear una máscara de salida para la información numérica. Su sintaxis es:

```
var format = DecimalFormat("Expresión de salida")
```

⊃ *DecimalFormatSymbols:* podemos indicar los símbolos de separación de millares y decimales que vamos a emplear, dependiendo de la situación geográfica.
Su sintaxis es:

```
var decimalFormatSymbols = DecimalFormatSymbols.
getInstance(Locale.FRANCE)
```

Donde *Locale* puede ser asignada a una situación geográfica afín a la nuestra. Por ejemplo, Francia utiliza la misma nomenclatura que España para separar los millares y decimales.

 ## PARA SABER MÁS

Accede al siguiente enlace sobre *DecimalFormat* de la web oficial de *Android:*

https://redirectoronline.com/ifcm018po0604

Continúa en página siguiente >>

<< Viene de página anterior

Y al siguiente enlace de *DecimalFormatSymbols*, también de la web oficial de *Android:*

https://redirectoronline.com/ifcm018po0605

Definimos el formato numérico de salida que vamos a emplear:

```
var format = DecimalFormat( pattern: "#0.00")
var decimalFormatSymbols = DecimalFormatSymbols.getInstance(Locale.FRANCE)
format.decimalFormatSymbols = decimalFormatSymbols
```

- ⮑ **Línea 29:** var format = DecimalFormat("#0.00"), permite definir la máscara de salida; en este caso definimos dos enteros y dos decimales. Cada # es una posición numérica no significativa, y cada 0 es una posición decimal.
- ⮑ **Línea 30:** var decimalFormatSymbols = DecimalFormatSymbols.getInstance(Locale.FRANCE)
Define una zona geográfica con igual o similar representación numérica.
- ⮑ **Línea 31:** format.decimalFormatSymbols = decimalFormatSymbols, se asigna al formato la simbología que se va a emplear para la separación de millares y decimales.

A continuación, deberemos ir "escuchando" los clics en los componentes *Switch* y *CheckBox*, y comprobar si el usuario los ha activado o, por el contrario, desmarcado con el fin de sumar o restar al precio total el importe de los ingredientes:

```
mozzarella.setOnClickListener { it: View!
    if (mozzarella.isChecked){
        precioTotal+=precioMozzarela
    }
    else{
        precioTotal-=precioMozzarela
    }
    total.text = format.format(precioTotal)
}
```

En la línea 35, escuchamos el clic sobre el *Switch,* y procedemos a comprobar si el usuario activó o desactivó el componente.

Si el usuario activó el *Switch,* se procede a sumar a la variable **precioTotal** el valor del ingrediente seleccionado (líneas 36-37).

En caso contrario, se resta de la variable **precioTotal** el precio del ingrediente (línea 40).

En la línea 42 se muestra en el *TextView* el valor de la variable **precioTotal** (línea 42).

Igual que hemos hecho con los *Switch* deberemos hacer con el *CheckBox:*

```
55    queso.setOnClickListener {  it: View!
56        if (queso.isChecked){
57            precioTotal+=precioQueso
58        }
59        else{
60            precioTotal-=precioQueso
61        }
62        total.text = format.format(precioTotal)
63    }
```

El CheckBox requiere el mismo procedimiento de escucha.

5. Integrar un menú básico. Editar. Crear formularios

 HILO CONDUCTOR

Es importante crear una interfaz sencilla de manejar para el usuario para que una aplicación tenga éxito, ya que de otra manera este se frustra por la dificultad de manejar la app y la abandonara, pudiendo además influir en nuestra reputación con una valoración negativa en *Google Play.*

Para evitar esta valoración negativa, la aplicación que estamos desarrollando para la empresa de restauración BarraLibre debe contar con un menú al iniciarse la aplicación, para desde este acceder a todas las opciones y actividades de la app. Veremos a continuación la mejor forma de crear este menú con *Android Studio.*

Para crear un menú básico, *Android Studio* dispone de la plantilla *Navigation Drawer Activity,* que cuenta con los recursos necesarios para desarrollar menús de navegación.

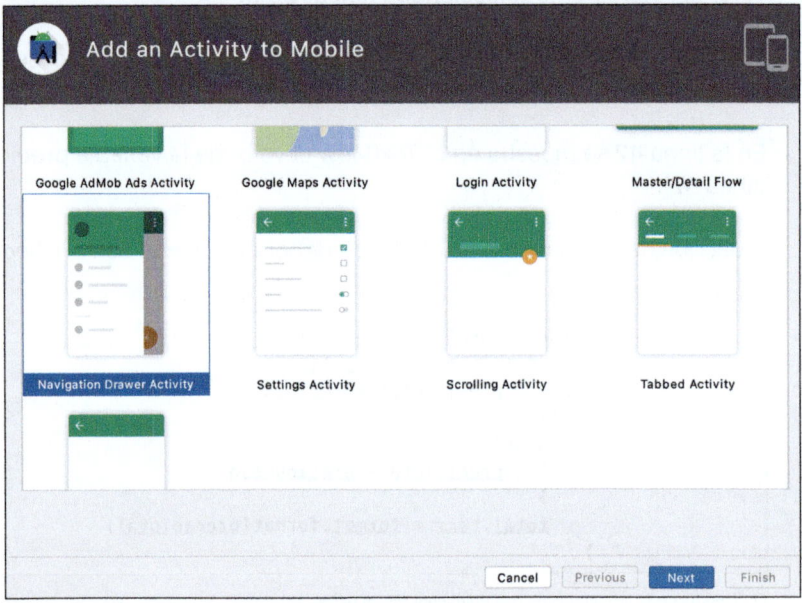

Navigation Drawer Activity proporciona Fragments de gestión de menús

Normalmente, esta actividad sería la actividad inicial de la aplicación y desde esta se accedería al resto de las actividades.

NOTA

En caso de haber creado anteriormente otras actividades, puedes hacer que *Navigation Drawer Activity* sea la actividad inicial. Para ello, al ser creada, debe haberse marcado la casilla de verificación **Launcher Activity.**

Continúa en página siguiente >>

<< Viene de página anterior

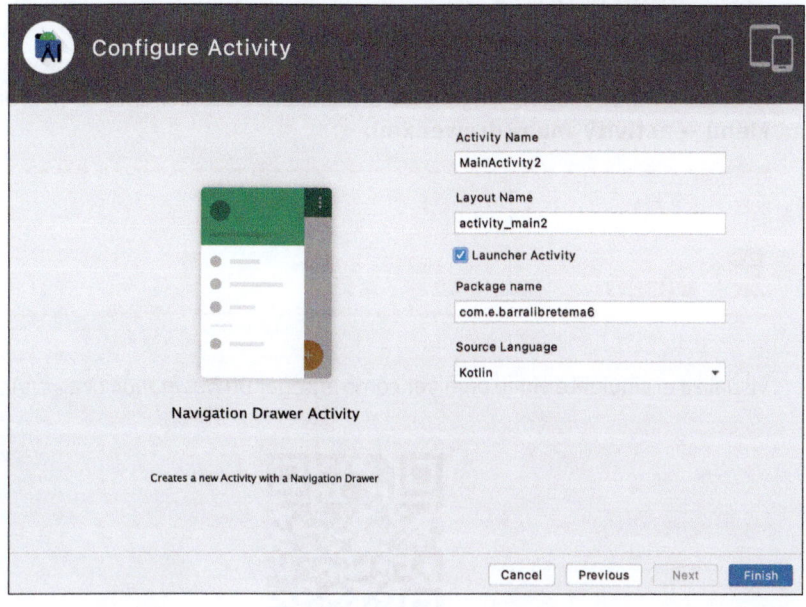

Para agregar opciones al menú, deberemos acceder a **Navigation/mobile_navigation.xml** y agregar las actividades o *Fragments* de la actividad.

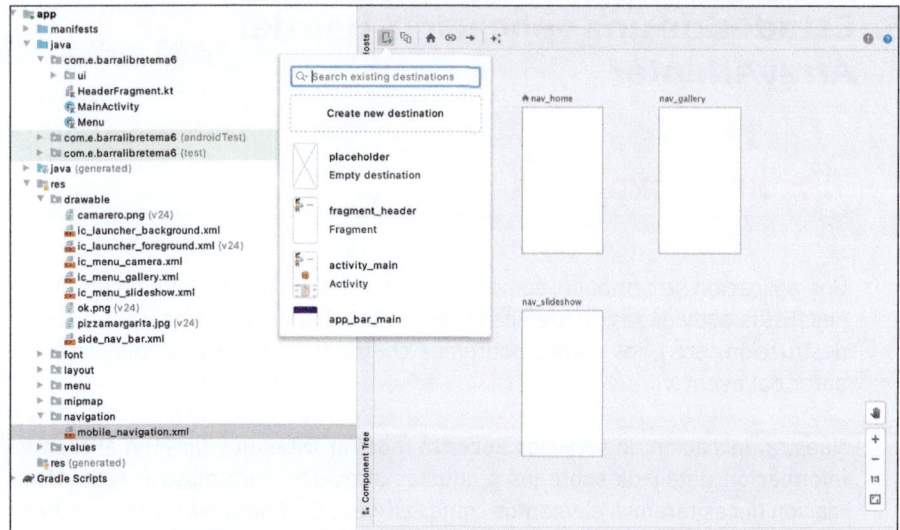

Hay que ir agregando todas las actividades y/o fragmentos a los que se puede navegar desde el menú.

 **IMPORTANTE**

Necesariamente cada ítem agregado al menú debe ser identificado en el archivo **Menú → activity_main_drawer.xml.**

- -

 VÍDEO

Visualiza el siguiente vídeo para ver cómo agregar un *Navigation Drawer Activity:*

https://redirectoronline.com/ifcm018po0606

- -

6. Estados de una aplicación. Uso del *ArrayAdapter*

 HILO CONDUCTOR

Una aplicación se compone, como ya hemos visto, de un conjunto de actividades. Estas actividades pueden pasar por diferentes estados (creación, pausa, destrucción, etc.), los cuales podremos controlar y lanzar procedimientos a partir del evento.

Nuestra aplicación de servicios necesita mostrar listas que faciliten al cliente información detallada sobre los productos ofrecidos. Para mostrar esta información necesitaremos elementos como *ListView, GridView,* etc., que necesitan

Continúa en página siguiente >>

<< Viene de página anterior

de un *ArrayAdapter* que hace de intermediario entre una fuente de datos y uno de estos elementos de *Android*.

- -

Las actividades pueden pasar a distintos estados y programar procesos para cada estado de esos estados de la actividad.

Los procesos en los que se puede encontrar una actividad son:

➲ **Create:** se produce cuando la actividad está indicándose, pero aún no es visible por el usuario. Este método viene preparado para su programación al crear la actividad.

➲ **Restart:** se ejecuta cuando, una vez parada la actividad, se desea reiniciar esta de nuevo. La sintaxis sería:

```
override fun onRestart() {
    super.onRestart()
}
```

➲ **Destroy:** se ejecuta un momento antes de que la actividad se destruya y desaparezca de la memoria del dispositivo. Su sintaxis es:

```
override fun onDestroy() {
    super.onDestroy()
}
```

➲ **Start:** se ejecuta cuando la actividad está lista y visible para el usuario. La sintaxis es:

```
override fun onStart() {
    super.onStart()
}
```

➲ **Stop:** se ejecuta cuando la actividad no es visible por los usuarios. La sintaxis del método sería:

```
override fun onStop() {
    super.onStop()
}
```

APLICACIÓN PRÁCTICA

Se está desarrollando una actividad en la que se gestiona constantemente información de una base de datos.

Deseamos que dicha base de datos se cierre en el estado en que la actividad ya no estará disponible para el usuario.

¿Cuál será el método del estado de la aplicación que deberemos programar para que la base de datos se cierre en el momento, antes de que dicha actividad ya no esté disponible?

Solución

Cerraremos la base de datos en el estado *Destroy*.

El estado más adecuado para cerrar la base de datos es el momento en que la actividad se destruye y no se va a necesitar más hasta su próxima apertura.

6.1. Uso del *ArrayAdapter*

El *ArrayAdapter* permite vincular, mediante un adaptador, información de una fuente de datos a un componente que disponga de dicho adaptador como un *Spinner, ListView* o *GridView.*

Es probable que en la aplicación se necesite, por ejemplo, mostrar un listado de todas las pizzas disponibles en el menú de BarraLibre.

Vamos a ver a continuación cómo mostrar esta información a través de un componente *ListView* con *Adapter* personalizado.

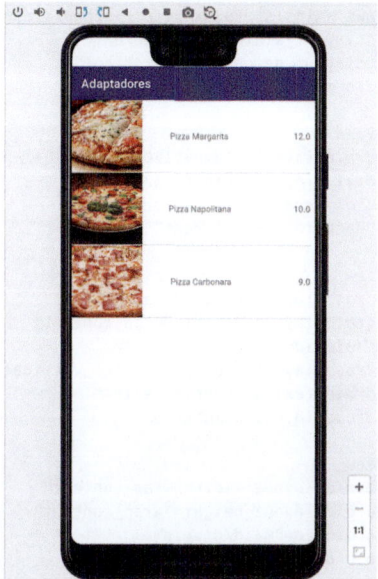

*En un Listview podemos combinar
información de tipo texto con imágenes.*

Los pasos que seguir para obtener mediante un *ArrayAdapter* personalizado esta *ListView* serán los siguientes:

◗ **Diseñar Layout:** deberemos diseñar un *layout* personalizado, donde dispondremos un *ImageView* para ubicar las imágenes, y dos *TextView*, donde ubicaremos la descripción y el precio.
El código XML podría ser como el siguiente:

```xml
<LinearLayout xmlns:android="http://schemas.android.com/apk/res/android"
    android:layout_width="match_parent"
    android:layout_height="wrap_content"
    android:orientation="horizontal"
    >
    <ImageView
        android:layout_width="120dp"
        android:layout_height="120dp"
        android:scaleType="centerCrop"
        android:id="@+id/imagen"
        />
    <TextView
        android:layout_width="wrap_content"
        android:layout_height="wrap_content"
        android:id="@+id/descripcion"
        android:layout_gravity="center_vertical|center_horizontal"
        android:textAlignment="center"
        android:layout_weight="3"
        />
    <TextView
        android:layout_width="wrap_content"
        android:layout_height="wrap_content"
        android:id="@+id/precio"
        android:textAlignment="textEnd"
        android:layout_gravity="end|center_vertical"
        android:layout_weight="2"
        />
</LinearLayout>
```

Ubicamos en un LinearLayout horizontal los tres componentes.

➲ **Construir una clase personalizada:** que permita crear el *ArrayList* como fuente de datos.

```kotlin
class pizza {
    var imagen:Int? = null
    var descripcion:String? = null
    var precio:Float? = null

    constructor(imagen: Int?, descripcion: String?, precio: Float?) {
        this.imagen = imagen
        this.descripcion = descripcion
        this.precio = precio
    }
}
```

Hay que recordar que las imágenes se identifican mediante un dato numérico entero.

➲ **Crear un *Adapter* personalizado:** que permita hacer de intermediario entre la fuente de datos y el *ListView.*

```
override fun getView(position: Int, convertView: View?, parent: ViewGroup?): View {
    var inflater = context!!.getSystemService(Context.LAYOUT_INFLATER_SERVICE) as LayoutInflater
    var row = inflater.inflate(R.layout.pizza, root: null)
    var imagen = row.findViewById<ImageView>(R.id.imagen)
    var descripcion = row.findViewById<TextView>(R.id.descripcion)
    var precio = row.findViewById<TextView>(R.id.precio)
    Glide.with(context!!)
        .load(this.lista[position].imagen)
        .into(imagen)
    descripcion.text = this.lista[position].descripcion
    precio.text = this.lista[position].precio.toString()
    return row
}
```

Glide es la mejor y más fácil forma de gestionar las imágenes en Android, como ya hemos visto.

 **Vincular el *ListView* a los datos:** es el paso final y simplemente deberemos asignar a la propiedad *Adapter* del *ListView* el adaptador personalizado.

```
var listado = findViewById<ListView>(R.id.listado)
var array = ArrayList<pizza>()
array.add(pizza(R.drawable.margarita, descripcion: "Pizza Margarita", precio: 12f))
array.add(pizza(R.drawable.napolitana, descripcion: "Pizza Napolitana", precio: 10f))
array.add(pizza(R.drawable.carbonara, descripcion: "Pizza Carbonara", precio: 9f))

var arrayAdapter = adaptadorLista( context: this,array)
listado.adapter = arrayAdapter
}
```

🎥 VÍDEO

Puedes visualizar el siguiente vídeo para ver cómo usar *ArrayAdapter* personalizados con *ListView*:

https://redirectoronline.com/ifcm018po0607

7. Uso del *CursorAdapter*

 HILO CONDUCTOR

El uso y mantenimiento de bases de datos *SQLite* en aplicaciones *Android* es fundamental para que las aplicaciones puedan conservar información de forma autónoma, sin necesidad de recurrir a fuentes externas.

Para movernos a través de los registros de una base de datos utilizamos el *cursorAdapter*, que permite avanzar y retroceder por los diferentes registros.

BarraLibre quiere que transformemos la actividad de la lista de las pizzas y que estas estén almacenadas en una base de datos, en lugar de en un *ArrayList*, para evitar la saturación de datos en la memoria del dispositivo.

Un *ArrayAdapter* es un adaptador para bases de datos que permite mover el puntero de posición hacia delante y hacia atrás y acceder así a los diferentes registros de la base de datos.

 **PARA SABER MÁS**

Puedes acceder al siguiente enlace para ver información sobre *ArrayAdapter* en la web oficial de *Android Studio*:

https://redirectoronline.com/ifcm018po0608

Vamos a modificar, como nos ha pedido la empresa BarraLibre, la forma de acceso a los datos, procediendo a almacenar en una base de datos las pizzas y, desde allí, pasarlas al *Adapter* mediante un *CursorAdapter*.

```
var array = ArrayList<pizza>()
var db = sqlManager.readableDatabase
var data = db.rawQuery("Select
imagen,descripcion,precio from pizzas order by
descripcion", null)
while (data.moveToNext()){

array.add(pizza(data.getInt(0),data.getString(1),data.
getFloat(2)))
}
db.close()
```

Mediante el *CursorAdapter* y su método *moveToNext,* podremos movernos al siguiente registro de la base de datos.

Los métodos más importantes del *CursorAdapter* son los siguientes:

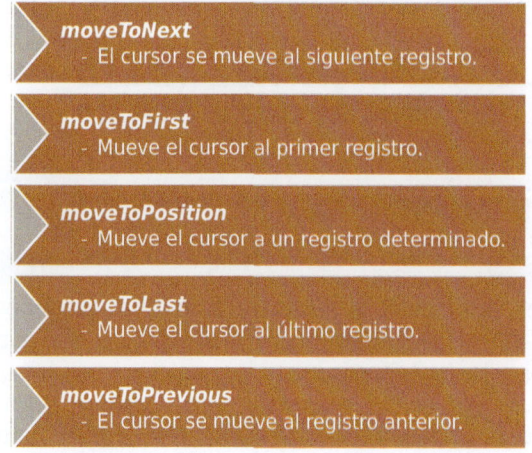

moveToNext
- El cursor se mueve al siguiente registro.

moveToFirst
- Mueve el cursor al primer registro.

moveToPosition
- Mueve el cursor a un registro determinado.

moveToLast
- Mueve el cursor al último registro.

moveToPrevious
- El cursor se mueve al registro anterior.

TAREA 10

Para presentar una galería de productos en la aplicación que se está desarro-llando, debemos construir una actividad que nos muestre la imagen del producto, junto con su descripción y precio.

Continúa en página siguiente >>

<< Viene de página anterior

Además, deberemos disponer de una serie de botones que permitan navegar mediante un *CursorAdapter* hacia delante o hacia atrás.

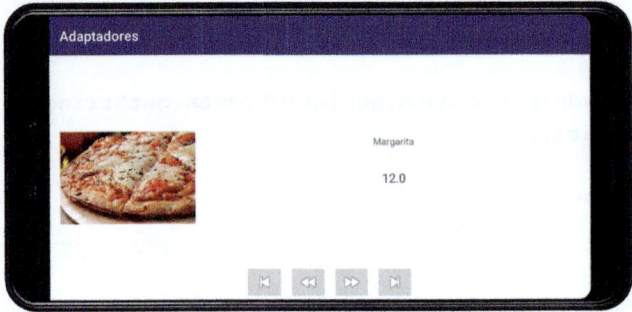

Crea una actividad similar a la de la imagen, que permita navegar entre los diferentes productos mediante la pulsación de botones de acción.

8. Editor de bases de datos SQLite

☞ HILO CONDUCTOR

Durante el desarrollo de la aplicación, en muchas ocasiones nos veremos obligados a saber si la información que se está tratando en la base de datos de la app es correcta, hay errores o está incompleta.

Android Studio dispone de un potente editor de bases de datos en tiempo de ejecución que nos permite visualizar toda la información de las tablas almacenadas.

En el desarrollo de la aplicación de BarraLibre debemos comprobar que los artículos que se van a mostrar en la galería que hemos diseñado son correctos. Para ello, veremos en este apartado cómo hacer uso del *DataBase Inspector*.

Una vez puesta en marcha la aplicación, hay que acceder al *DataBase Inspector* que encontraremos en la parte inferior del IDE de *Android Studio*.

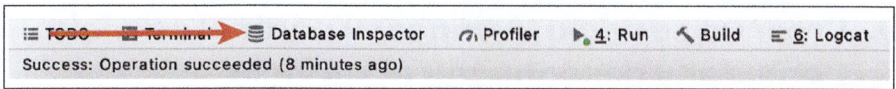

Para acceder al editor de SQLite, haremos clic en DataBase Inspector, en tiempo de ejecución.

A continuación, accederemos a la tabla o tablas de la base de datos:

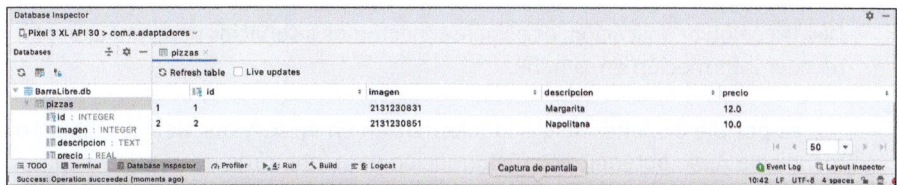

DataBase Inspector nos permite visualizar el contenido de las tablas de la base de datos.

En *DataBase Inspector,* disponemos de tres herramientas:

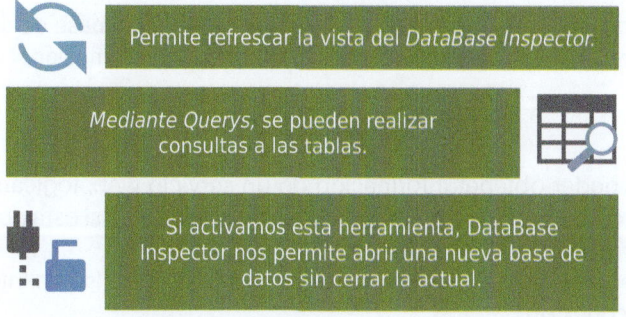

 **NOTA**

El editor de *Querys* permite hacer cualquier búsqueda a través de SQL sobre las tablas de la o las bases de datos activas.

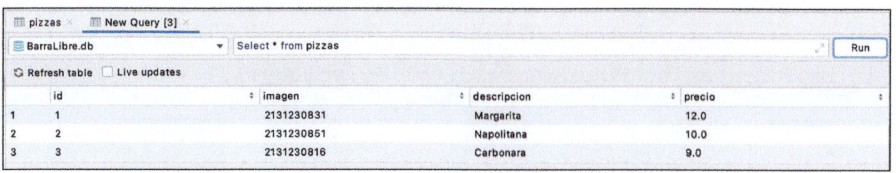

9. Crear un servicio. Arrancar y parar el servicio. Conectar y desconectar el servicio

☞ **HILO CONDUCTOR**

Desde cualquier aplicación, es posible conectarnos a servicios para, por ejemplo, recoger información en la nube.

Así, es posible disponer de cierta información en un servidor web y, mediante tecnología *Ajax*, obtener dicha información para integrarla en nuestra web.

La aplicación para BarraLibre muestra, como ya hemos visto, galerías de los productos ofrecidos, pero estos hasta ahora estaban integrados en la base de datos interna. Esto supone que cualquier variación en los datos suponga el lanzamiento de una nueva versión de la app.

El propietario de BarraLibre quiere poder modificar la base de datos de su servidor y que las aplicaciones instaladas lean esta información.

Para poder obtener información de un servicio web, lógicamente deberemos conocer su dirección de acceso y credenciales si esta no es anónima.

Por supuesto, la aplicación debe disponer del permiso de internet y contar con conexión.

9.1. Implementación de *Volley*

Para poder facilitar y agilizar los accesos a redes vía http, vamos a implementar la librería **Volley.** Para ello, deberemos agregar al archivo "build.gradle" la siguiente línea de código en la sección de dependencias:

```
implementation 'com.android.volley:volley:1.1.1'
```

```
35 ▶   dependencies {
36
37         implementation "org.jetbrains.kotlin:kotlin-stdlib:$kotlin_version"
38         implementation 'androidx.core:core-ktx:1.5.0'
39         implementation 'androidx.appcompat:appcompat:1.3.0'
40         implementation 'com.google.android.material:material:1.3.0'
41         implementation 'androidx.constraintlayout:constraintlayout:2.0.4'
42       💡 implementation 'com.android.volley:volley:1.1.1'
43         implementation "com.github.bumptech.glide:glide:4.11.0"
44         testImplementation 'junit:junit:4.+'
45         androidTestImplementation 'androidx.test.ext:junit:1.1.2'
46         androidTestImplementation 'androidx.test.espresso:espresso-core:3.3.0'
47   }
```

Dependencias del archivo "buid.gradle"

RECUERDA

Debes hacer clic en el ***link Sync Now*** cada vez que implementes una nueva dependencia.

- -

Para poder acceder a datos externos de servicios web, es necesario que a dicho servicio se pueda acceder mediante protocolo https.

Una vez que hemos implementado la librería **Volley** en el proyecto, deberemos crear una solicitud con el objeto *RequestQueue,* con la siguiente sintaxis:

```
val queue = Volley.newRequestQueue(this)
```

NOTA

A este objeto deberás pasarle el contexto como argumento.

- -

Una vez creado este objeto, hay que crear dos nuevos objetos:

⊃ *JsonObjectRequest:* crea la petición mediante https al servicio. Su sintaxis es:

```
val jsonObjectRequest = JsonObjectRequest(Request.
Method.POST,url,null, Response.Listener { response ->
}, Response.ErrorListener { error ->
})
```

Donde deberemos pasar el método de envío de datos al servidor y la URL del servicio.

⊃ *getJSONArray:* recoge en forma de *Array* los datos devueltos por el servicio.

Un ejemplo de código completo para recuperar las pizzas ofrecidas por BarraLibre desde su servicio web sería el siguiente:

```
28        val jsonObjectRequest = JsonObjectRequest(Request.Method.POST,url,
       jsonRequest: null, Response.Listener { response ->
29            val jsonArray = response.getJSONArray( name: "datos")
30            for (i in 0 until jsonArray.length()){
31                val registro = jsonArray.getJSONObject(i)
32                arrayList.add(pizzaJson(registro.getString( name: "imagen"),registro
       .getString( name: "descripcion"),registro.getString( name: "precio")))
33            }
34            var adaptadorListaJson = adaptadorListaJson( context: this,arrayList)
35            lista.adapter = adaptadorListaJson
36
37        }, Response.ErrorListener { error ->
38            return@ErrorListener
39        })
40        queue.add(jsonObjectRequest)
```

La línea 40 será la encargada de poner en marcha el servicio.

 ## PARA SABER MÁS

Puedes acceder a la siguiente web sobre la librería *Volley* y todas sus posibilidades:

Continúa en página siguiente >>

<< Viene de página anterior

https://redirectoronline.com/ifcm018po0609

- -

10. Aprender a instalar el IDE *Eclipse*

 **HILO CONDUCTOR**

Para el desarrollo de aplicaciones *Android*, es necesario contar con un IDE que nos permita la programación y depuración de las aplicaciones.

Antes de la entrada de *Google* en *Android*, se utilizaron varios IDE para el desarrollo de app; entre ellos, uno de los más destacados fue *Eclipse*, que permite la programación de aplicaciones en distintos lenguajes.

Para el desarrollo de la aplicación de BarraLibre se deberá utilizar *Android Studio*.

- -

Eclipse es una aplicación que permite programar en varios lenguajes de programación, pero actualmente no es la más recomendable para el desarrollo de aplicaciones *Android.*

Eclipse fue para los desarrolladores de aplicaciones *Android* como la aplicación "oficial", ya que no había un entorno de trabajo unificado y *Eclipse* ofrecía lo más parecido a esto.

La primera versión de *Android Studio* se anunció el 16 de mayo de 2013 y pasó a reemplazar desde ese momento a *Eclipse* como el IDE oficial de desarrollo.

Desde el propio *Android Studio* existe una utilidad de conversión de las antiguas aplicaciones desarrolladas en *Eclipse.*

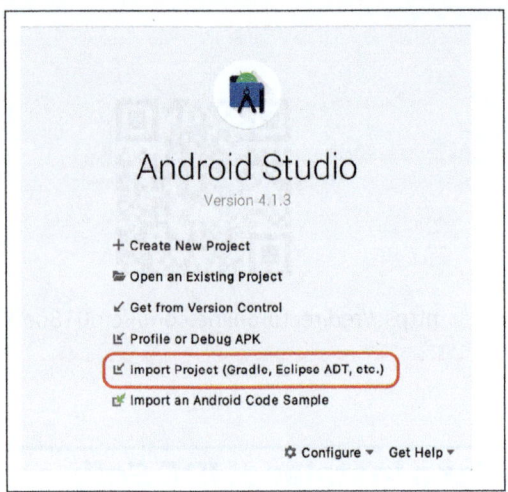

Del mismo modo, los lenguajes oficiales de *Android* han variado. Tradicionalmente el lenguaje oficial de *Android* era *Java,* un potente lenguaje de *Oracle.* Pero debido principalmente a las disputas de *Google* y *Oracle,* Java deja de ser el lenguaje oficial y pasa a ser *Kotlin* en el año 2017 para aplicaciones *Android,* incentivando *Google* el uso de este lenguaje y dando prioridad al posicionamiento en *Google Play* a las aplicaciones desarrolladas en este lenguaje.

11. API de *Google Maps*

☞ HILO CONDUCTOR

Google Maps es un servicio que podremos incluir en nuestras aplicaciones para situar al usuario en un punto mediante la geolocalización, o mostrar, por ejemplo, la ubicación de un negocio.

Pero para poder usar este servicio, debemos solicitar las credenciales en la API de *Google Maps.* Este servicio es inicialmente gratuito, aunque depende del consumo mensual que los usuarios hagan del servicio.

Para la aplicación de BarraLibre podría ser una buena opción proponer un mapa donde buscar los locales o mostrar la ruta entre la posición del usuario y uno de los locales.

Para poder incluir mapas de *Google Maps,* es imprescindible disponer de credenciales para la aplicación.

Desde la web oficial para desarrolladores de *Google Maps,* procederemos a solicitar una API KEY para nuestro proyecto.

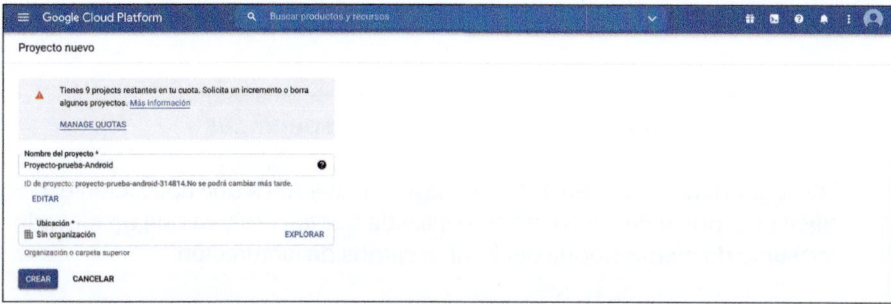

Hay que completar el formulario para obtener la API de Google Maps.

Una vez creado el proyecto, necesitaremos crear la clave API. Haremos clic en el botón de **Crear credenciales** para obtener dicha clave.

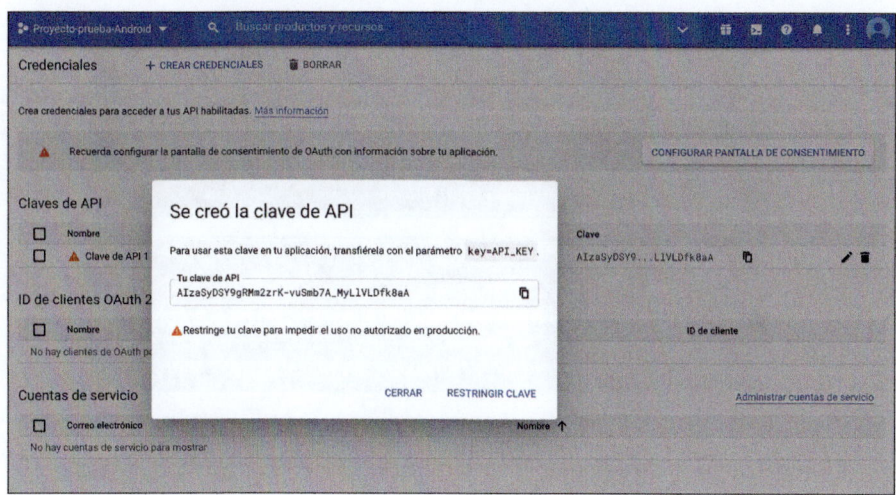

Copia y guarda esta clave API para tu nuevo proyecto Android.

NOTA

Es necesario agregar la clave al proyecto en el archivo *google_maps_api* para poder hacer uso del servicio.

- -

11.1. Restringir la clave API a aplicaciones específicas

Por seguridad, es conveniente restringir la clave API a una aplicación específica para que dicha clave no sea utilizada por terceros, ya que un elevado consumo de mapas podría dar lugar a cargos de facturación.

Con el fin de evitar la reutilización de la API, en la propia web nos informan de qué manera debemos hacerlo.

Dependiendo del sistema operativo del que dispongamos *(Windows, Mac/Linux)*, deberemos proceder de la siguiente forma:

Windows
- Para este sistema operativo, deberemos abrir la consola; puedes hacerlo ejecutando el comando cmd y escribiendo la siguiente sentencia en la línea de comandos:
  - *keytool -list -v -keystore "%USERPROFILE%\.android\ debug.keystore" -alias androiddebugkey -storepass android -keypass android*

Mac/Linux
- Para estos dos sistemas operativos, una vez abierta la consola, deberemos ejecutar esta sentencia:
  - *keytool -list -v -keystore ~/.android/debug.keystore -alias androiddebugkey -storepass android -keypass android*

Como resultado de ejecutar la sentencia de generación de huellas digitales, debemos obtener la siguiente información:

```
Huellas digitales del certificado:
      SHA1: 7B:46:39:0C:4B:DA:DE:B3:87:7D:45:4A:B6:E6:B5:C8:00:DE:38:B2
      SHA256: CA:D1:FD:D6:8F:81:24:2A:78:AC:9C:F5:66:0F:62:57:D4:A1:B9:98:95:
35:40:11:41:34:A3:FD:4C:4F:23:56
Nombre del algoritmo de firma: SHA1withRSA (débil)
```

La consola deberá proporcionarnos las huellas digitales para restringir el acceso a la API.

Procederemos a copiar la huella SHA1 en la web de desarrollador de *Google Maps*.

Copiamos y pegamos la huella digital

NOTA

El nombre del paquete lo puedes obtener desde el archivo *AndroidManifest* de la aplicación.

Una vez que ya disponemos en nuestra aplicación de las credenciales, vamos a pasar a ubicar al usuario en su posición actual.

Para ello, antes de nada, comprobaremos si en el archivo *AndroidManifest* se dispone de los permisos necesarios.

Es posible que se necesite, dependiendo de la precisión, de algunos de estos dos permisos:

➲ *ACCESS_FINE_LOCATION:* nos va a proporcionar la ubicación lo más precisa posible. También será necesario para poder buscar dispositivos cercanos, por ejemplo, a través de *Bluetooth*.
➲ *ACCESS_COARSE_LOCATION:* proporciona la ubicación del usuario con una precisión de hasta una manzana.

 **PARA SABER MÁS**

Para obtener información sobre los permisos de ubicación, accede a la siguiente web:

https://redirectoronline.com/ifcm018po0613

Si para crear la actividad de *Google Maps* usaste la plantilla de *Android Studio*, esta habrá incluido ya en el *Manifest* el permiso *ACCESS_FINE_LOCATION*.

11.2. Buscando la posición del usuario

Para poder ubicar al usuario dentro del mapa, hemos de declarar dos variables:

- ⇒ *lateinit var fusedLocationProviderClient: FusedLocationProviderClient:* esta variable nos permite localizar el proveedor de servicios GPS más cercano.
- ⇒ *lateinit var lastLocation: Location:* esta variable nos va a proporcionar la última ubicación del usuario.

 VÍDEO

Accede al siguiente enlace para ver un vídeo sobre cómo conocer la ubicación del usuario:

Continúa en página siguiente >>

<< Viene de página anterior

https://redirectoronline.com/ifcm018po0614

Ejemplo práctico

Se desea crear una aplicación donde, en una base de datos local, se dispone de las coordenadas del local de BarraLibre.

La base de datos contempla una tabla con tres campos: id, que será la clave primaria autoincremental de tipo entero; Latitud, campo de tipo *float,* y Longitud, también de tipo *float.*

La aplicación deberá marcar y posicionar en un mapa de *Google Maps* el local cuyas coordenadas hay almacenadas en la base de datos, además de situar en el mapa la posición del usuario, con el fin de que este pueda obtener la ruta para poderse desplazar al local.

La aplicación debe estar disponible para *Android* a partir de la versión 9.

Comenzaremos la aplicación seleccionando como base de esta la plantilla *Google Maps Activity.*

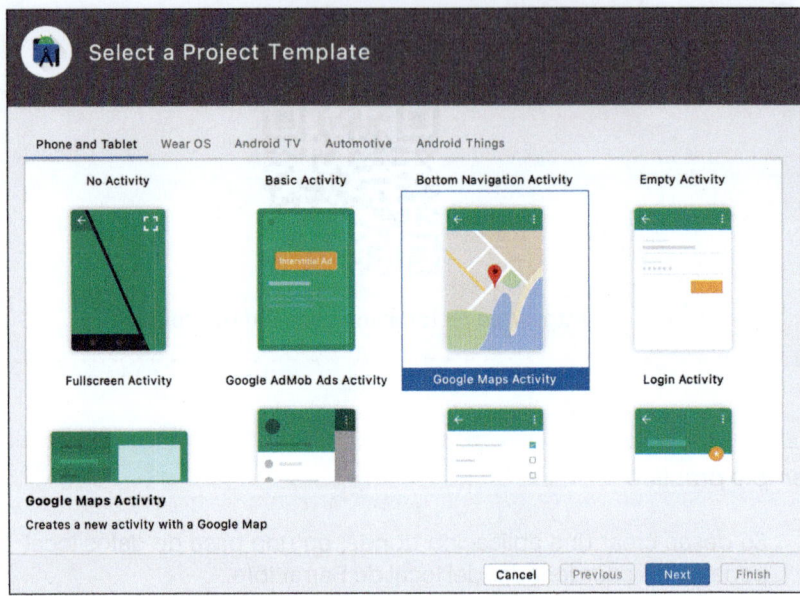

Esta plantilla agrega los permisos necesarios para la geolocalización

A continuación vamos a dar nombre al proyecto y seleccionar el mínimo SDK necesario para ejecutar la aplicación:

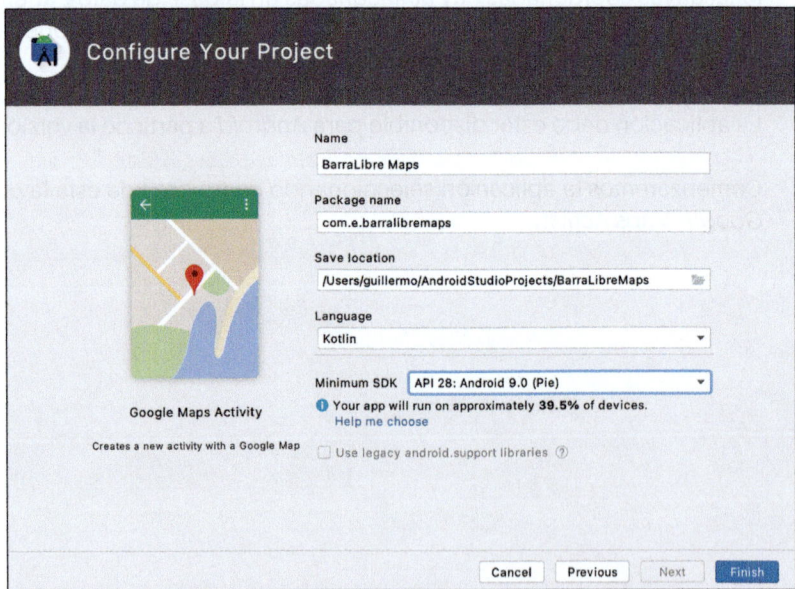

Seleccionamos como nos indican como mínimo SDK la versión 9 (Pie), es decir, la API 28.

A continuación solicitamos las credenciales a la API de *Google Maps;* esta vez, lo haremos de una forma más rápida.

Entra en el archivo de la aplicación *google_maps_api.xml* y selecciona y copia la URL, tal como aparece en la imagen:

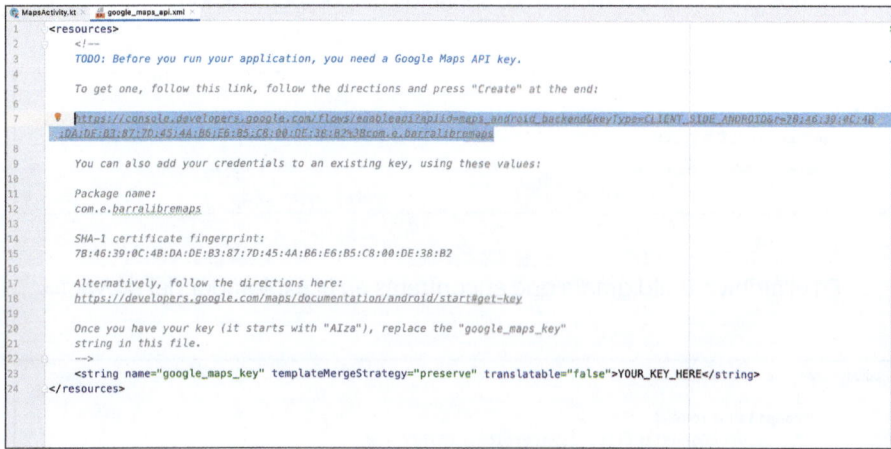

Pega esta URL en tu navegador. Te aparecerá la siguiente pantalla:

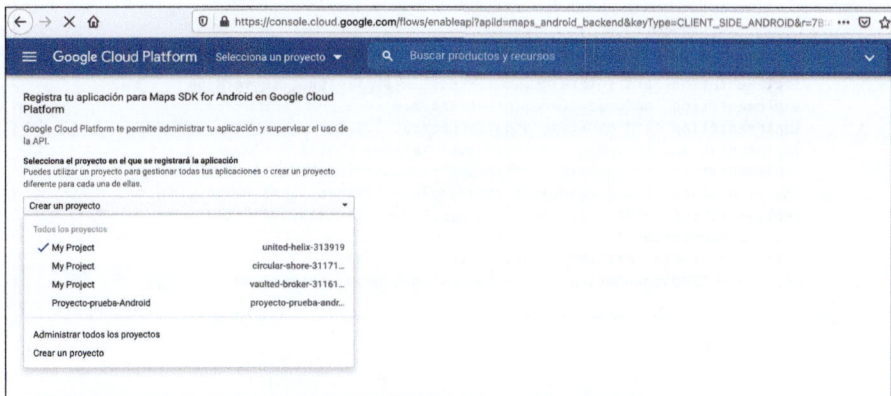

Puedes crear un nuevo proyecto o agregar las credenciales a un proyecto existente.

Copiamos la clave API correspondiente al proyecto una vez que esta se ha generado.

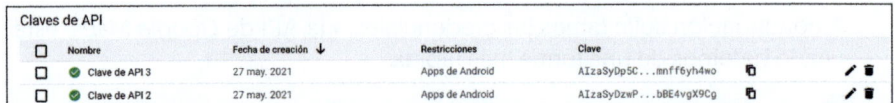

Claves de API						
☐	Nombre	Fecha de creación ↓	Restricciones	Clave		
☐	✓ Clave de API 3	27 may. 2021	Apps de Android	AIzaSyDp5C...mnff6yh4wo	⧉	✎ 🗑
☐	✓ Clave de API 2	27 may. 2021	Apps de Android	AIzaSyDzwP...bBE4vgX9Cg	⧉	✎ 🗑

Recuerda que esta API KEY deberemos copiarla dentro del archivo "google_maps_api.xml".

Vamos ahora a implementar los servicios de geolocalización:

```
implementation 'com.google.android.gms:play-services-
location:18.0.0'
```

En el archivo Build.gradle que encontrarás en el explorador del proyecto.

```
Gradle files have changed since last project sync. A project sync may be necessary for the IDE to wor... Sync Now   Ignore these changes
25        }
26        compileOptions {
27            sourceCompatibility JavaVersion.VERSION_1_8
28            targetCompatibility JavaVersion.VERSION_1_8
29        }
30        kotlinOptions {
31            jvmTarget = '1.8'
32        }
33    }
34
35 ▶ dependencies {
36
37        implementation "org.jetbrains.kotlin:kotlin-stdlib:$kotlin_version"
38        implementation 'androidx.core:core-ktx:1.5.0'
39        implementation 'androidx.appcompat:appcompat:1.3.0'
40        implementation 'com.google.android.material:material:1.3.0'
41        implementation 'com.google.android.gms:play-services-maps:17.0.1'
42        implementation 'com.google.android.gms:play-services-location:18.0.0'|
43        implementation 'androidx.constraintlayout:constraintlayout:2.0.4'
44        testImplementation 'junit:junit:4.+'
45        androidTestImplementation 'androidx.test.ext:junit:1.1.2'
46        androidTestImplementation 'androidx.test.espresso:espresso-core:3.3.0'
47    }
```

Recuerda hacer clic en Sync Now.

Sigamos con la definición de las variables que permitan conectar la app a un servicio GPS y almacenar la posición del usuario:

```
18        lateinit var fusedLocationProviderClient: FusedLocationProviderClient
19        lateinit var lastLocation: Location
```

Dentro de *onCreate,* buscamos el proveedor más cercano:

```
22    override fun onCreate(savedInstanceState: Bundle?) {
23        super.onCreate(savedInstanceState)
24        setContentView(R.layout.activity_maps)
25        // Obtain the SupportMapFragment and get notified when the map is ready to be used.
26        val mapFragment = supportFragmentManager
27                .findFragmentById(R.id.map) as SupportMapFragment
28        mapFragment.getMapAsync( callback: this)
29        fusedLocationProviderClient = LocationServices.getFusedLocationProviderClient(this)
30
31    }
```

En la línea 29, recuperamos el proveedor del servicio GPS.

Indicamos a la aplicación que permita la ubicación del usuario, activando dicha opción en *onMapReady.*

```
42    override fun onMapReady(googleMap: GoogleMap) {
43        mMap = googleMap
44
45        mMap.isMyLocationEnabled = true
46
47    }
48 }
```

IMPORTANTE

Hay que agregar la comprobación de permisos. Para ello, haz clic en la bombilla de color rojo que aparece en el margen izquierdo del editor y selecciona la opción **add Permission Check.**

- -

De esta forma, cuando el usuario inicie por primera vez la app, el sistema deberá solicitar el permiso correspondiente a la geolocalización:

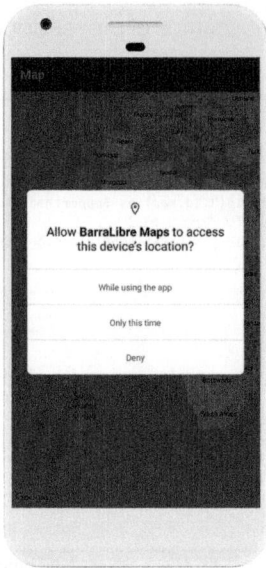

Para la comprobación de los permisos, deberemos testear si el permiso aún no se concedió o si, por el contrario, en algún momento se rechazó dicho permiso para la aplicación:

```
49        if (ActivityCompat.checkSelfPermission( context: this, Manifest.permission.ACCESS_FINE_LOCATION) != PackageManager
   .PERMISSION_GRANTED && ActivityCompat.checkSelfPermission( context: this, Manifest.permission.ACCESS_COARSE_LOCATION) !=
   PackageManager.PERMISSION_GRANTED) {
50
51            if (ActivityCompat.shouldShowRequestPermissionRationale( activity: this,Manifest.permission.ACCESS_FINE_LOCATION)){
52                //El usuario rechazó alguna vez el permiso//
53                Toast.makeText( context: this, text: "Debes configurar la APP para permitir la Geolocalización",Toast.LENGTH_SHORT).show
   ()
54            }
55            else{
56                ActivityCompat.requestPermissions( activity: this, arrayOf(Manifest.permission.ACCESS_FINE_LOCATION), requestCode: 0)
57            }
58
59            return
60        }
```

En la línea 51, comprobamos si el permiso se rechazó en algún momento, y en ese caso, mostramos una notificación para advertirle al usuario de que debe autorizar en su terminal este permiso.

En caso contrario, en la línea 56, solicitamos al usuario que conceda dicho permiso.

Ahora ya solo nos quedará obtener la ubicación del usuario y situarlo en el mapa, así como ubicar el *market* de la situación del local de BarraLibre.

Para situar al usuario, procederemos a buscar la última situación conocida que nos devolverá *Android*.

```
64
65     fusedLocationProviderClient.lastLocation.addOnSuccessListener(this) {
66         location ->
67         if(location != null){
68             lastLocation = location
69             var currentLatLong = LatLng(lastLocation.latitude,lastLocation.longitude)
70             mMap.animateCamera(CameraUpdateFactory.newLatLngZoom(currentLatLong, zoom: 16f))
71         }
72     }
```

Para situar el marcador de la situación de BarraLibre, procederemos primero a consultar la base de datos y extraer la información relativa a la latitud y la longitud.

```
74     val sqlManager = SQLManager( context: this)
75     var db = sqlManager.readableDatabase
76     var posicion = db.rawQuery( sql: "Select latitud, longitud from local", selectionArgs: null)
```

Por último, solo nos queda situar el marcador en la posición leída de la base de datos.

```
77     if (posicion.moveToFirst()){
78         val situacionLocal = LatLng(posicion.getFloat( columnIndex: 0).toDouble(),posicion.getFloat( columnIndex: 1).toDouble())
79         mMap.moveCamera(CameraUpdateFactory.newLatLngZoom(situacionLocal, zoom: 15f))
80         mMap.addMarker(MarkerOptions().position(situacionLocal).title( title: "Barra Libre"))
81     }
```

Al ejecutar la aplicación se obtiene el siguiente resultado:

TAREA 11

BarraLibre dispone de locales distribuidos en Madrid, Valladolid y Toledo en las siguientes situaciones geográficas:

Ciudad	Ubicación	Latitud	Longitud
Madrid	Plaza Castilla	40.46562392957214	−3.691571421584411
Madrid	Plaza Santa Ana	40.414518986910174	−3.701065794443328
Valladolid	Calle Santiago	41.64975546332858	−4.729285352078053
Valladolid	Paseo Zorrilla	41.63270878182683	−4.739748173525364
Toledo	Plaza Zocodover	39.8596488576186	−4.021530850282617
Toledo	Calle Hombre de Palo	39.85798157356219	−4.023758271495053

Esta información deberá estar almacenada en una base de datos del móvil.

Deseamos crear una aplicación que se inicie con una actividad en la que se muestren los escudos de las tres ciudades de la siguiente manera:

Continúa en página siguiente >>

<< Viene de página anterior

Al hacer clic en uno de los escudos de la ciudad, deberá mostrarnos mediante un *ListView* los locales disponibles en dicha ciudad, como se muestra en la siguiente imagen:

Al hacer clic en uno de los locales, se mostrará su ubicación exacta en un mapa de *Google Maps.*

Continúa en página siguiente >>

<< Viene de página anterior

Crea una aplicación de *Android* con un mínimo SDK de 9.0 con las características indicadas.

- -

12. Preparación de la aplicación: nombrar. Restos de trazas de código y *Debug*

 HILO CONDUCTOR

En ocasiones, la aplicación devuelve errores que se deberán controlar con el fin de que el usuario no se frustre en la utilización de la app, y llegue a dejar de utilizarla o incluso proceda a desinstalarla de su terminal. Esto supone minorar las estadísticas de nuestra aplicación en *Google Play* y obtener una mala reputación, que podría provocar no obtener nuevas descargas.

Para evitar todo esto, en el desarrollo de la aplicación deberemos depurar cualquier tipo de error y prever todos aquellos que puedan suceder durante el uso de la app.

Para conseguir una buena reputación con la aplicación de BarraLibre, vamos a conocer en este apartado cómo detectar errores y depurarlos, así como controlar errores en el futuro uso de la aplicación.

- -

Cuando creamos una aplicación, nos podemos encontrar con dos tipos de errores:

Errores en tiempo de desarrollo
- Estos son los errores que cometemos en la programación de la app. Generalmente se deben a errores sintácticos o a un mal uso de los comandos y sentencias; suelen poder ser detectados por el IDE que estemos utilizando, por regla general, *Android Studio*. Como consecuencia de este tipo de errores, la aplicación no se inicia.

Continúa en página siguiente >>

<< Viene de página anterior

> **Errores en tiempo de ejecución**
> - Estos se producen cuando la aplicación ya está en funcionamiento, sobre todo por una mala lógica. Como resultado, suelen producir la salida de la aplicación, de forma que el usuario tiene que ponerla en marcha de nuevo.

Cuando deseemos depurar el código para facilitar la detección de algún error que produce un mal funcionamiento de la aplicación, utilizamos el *Debug* de *Android Studio*.

Para detener en un punto la ejecución de la aplicación y analizar línea a línea el código, colocamos un punto de interrupción en dicho código.

```
66      fusedLocationProviderClient.lastLocation.addOnSuccessListener(this) {
67          location ->
68          if(location != null){
69              lastLocation = location
70              var currentLatLong = LatLng(lastLocation.latitude,lastLocation.longitude)
71              mMap.animateCamera(CameraUpdateFactory.newLatLngZoom(currentLatLong, zoom: 16f))
72          }
73      }
```

Para insertar dicho punto de interrupción, basta con hacer clic en el margen izquierdo de la línea que deseas depurar; aparecerá un punto de color rojo.

SABÍAS QUE...

Se pueden poner tantos puntos de interrupción como se quiera, pero una vez colocado uno, pulsando la tecla [F7], podrás ir avanzando línea a línea sin necesidad de colocar nuevos puntos.

- -

Para iniciar la ejecución de la aplicación en modo de depuración, deberás hacerlo a través de **Run → Debug 'app'**.

También es posible hacer clic en el icono *Debug* de la barra de herramientas de *Android Studio*.

La depuración en tiempo de ejecución se hará mediante estructuras **try-catch.**

Como en la mayoría de los lenguajes de programación, podremos detectar errores con estas estructuras en tiempo de ejecución, tomando decisiones en caso de producirse sin que la aplicación se detenga.

La sintaxis de esta estructura es:

```
try{
     Sentencias que podrían dar error.
}
catch(e: Exception){
     Sentencias a ejecutar en caso de producirse un
error.
}
finally{
     Sentencias a ejecutar tanto si hay error como si
no lo hubiera.
}
```

La cláusula *finally* es opcional dentro de este tipo de estructuras.

 **PARA SABER MÁS**

Accede al siguiente enlace para ver el uso de *try-catch* en *Kotlin:*

Continúa en página siguiente >>

<< Viene de página anterior

https://redirectoronline.com/ifcm018po0615

13. Firma

👉 **HILO CONDUCTOR**

Una vez que se ha concluido el desarrollo de la aplicación y se han depurado todos los errores, es el momento de que la app sea puesta en circulación en la tienda de *Google.*

Una vez terminada la aplicación de BarraLibre, debemos proceder a su firma desde *Android Studio.* Esto nos va a permitir, en un paso posterior, ponerla en la tienda de *Google Play.*

Para firmar la aplicación, debemos ir a la opción **Build → Generate Signed Bundle / APK.** Esta nos dará dos opciones de firma con las siguientes utilidades:

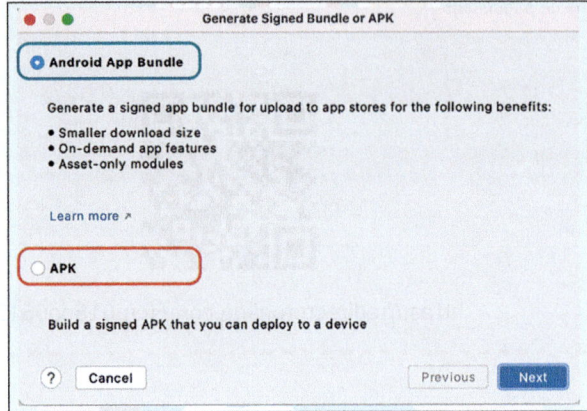

- ● **Android App Bundle:** nos permite firmar la aplicación para poder subirla a la tienda de *Google Play*.
- ● **APK:** nos permite firmar la aplicación para poder instalarla en cualquier dispositivo sin la necesidad de tenerla que subir a *Google Play*.

Si no disponemos de un almacén de *KEY,* deberemos crearlo haciendo clic en el botón **Create New** en el siguiente paso. En caso contrario, hay que localizar el almacén de *KEY* en nuestro ordenador con la opción **Choose existing.**

Completaremos el formulario en el que habrá que proporcionar un *password* de seguridad, tanto a la firma como al almacén:

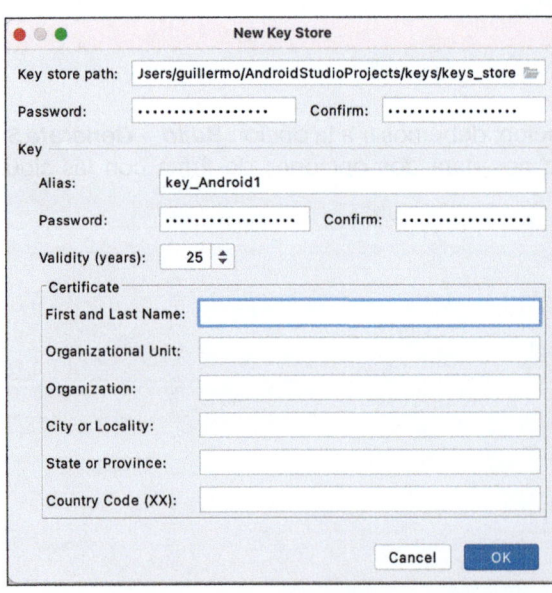

El formulario se completará proporcionando un password de seguridad.

Hay que indicar si la aplicación que se firma está en fase de desarrollo *(debug)* o de producción, y, por lo tanto, está lista para su distribución *(release)*.

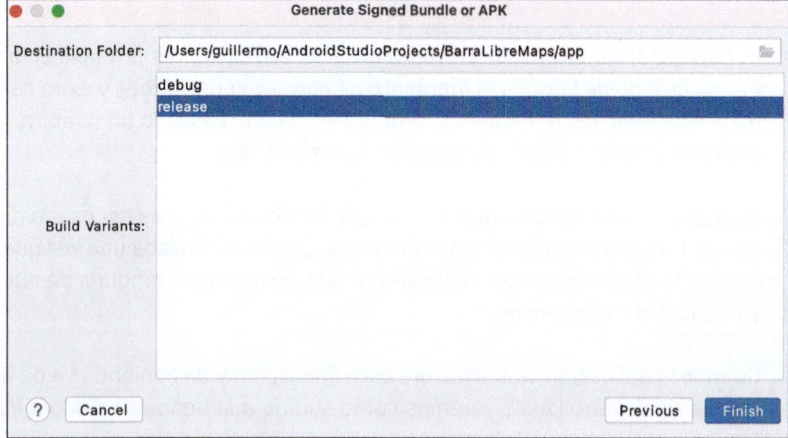

Elige release cuando tengas la aplicación lista para distribuir.

 PARA SABER MÁS

Accede al siguiente enlace de la web oficial de *Android* para ver cómo firmar la aplicación de *Android Studio:*

https://redirectoronline.com/ifcm018po0616

14. Publicación

 HILO CONDUCTOR

El paso final de la puesta en marcha de la aplicación es la publicación en la tienda de *Google Play*. Es el momento de conseguir descargas y éxito con nuestra nueva aplicación. Para ello, deberemos haber realizado un buen trabajo de optimización del código, depuración de errores, etc.

Para poder subir aplicaciones a la tienda de *Google Play*, es necesario disponer de cuenta de desarrollador y que la aplicación sea autorizada una vez que desde *Google* la hayan testeado y consideren que no incumple ninguna de sus reglas y políticas de publicación.

Cuando la aplicación de BarraLibre esté finalizada, y disponiendo ya de nuestra cuenta de desarrollador, veremos cómo subirla a la tienda de *Google Play*.

14.1. La cuenta de desarrollador de *Google*

Como paso previo a poder subir aplicaciones a la tienda de *Google*, es necesario estar en posesión de una cuenta de desarrollador. Para ello, deberemos acceder a la web de desarrolladores.

Obviamente, si no dispones de una cuenta de *Google*, deberás crearla.

✎ NOTA

La URL del desarrollador de *Google* es https://play.google.com/console.

El coste de una cuenta de desarrollador debe abonarse en el momento de solicitarla.

Tan solo hay que cumplimentar el formulario:

ⓘ Para crear una cuenta, debes pagar una cuota única de 25 $. Es posible que tengas que verificar tu identidad con un documento de identificación válido para completar el registro de tu cuenta. Si no podemos verificar tu identidad, no se reembolsará el pago de la cuota de registro.

Nombre público del desarrollador *

Los usuarios de Google Play podrán verlo   0/50

Dirección de correo electrónico de contacto secundaria *

Puede que usemos esta información, además de la dirección de correo electrónico asociada a tu cuenta de Google, para ponernos en contacto contigo. Los usuarios de Google Play no podrán verla.

Número de teléfono de contacto *

Incluye el signo +, el código de país y el código de área. Puede que usemos esta información para ponernos en contacto contigo, pero los usuarios de Google Play no podrán verla.

Acuerdo para Desarrolladores y Términos del Servicio *

☐ Confirmo que he leído y acepto el Acuerdo de Distribución para Desarrolladores de Google Play. Acepto asociar mi cuenta de Google con el Acuerdo de Distribución para Desarrolladores de Google Play, y confirmo que tengo al menos 18 años.

☐ Confirmo que he leído y acepto los Términos del Servicio de Google Play Console. Acepto asociar mi cuenta de Google con

En el siguiente paso se nos solicitará el pago para poder completar el proceso.

 ## PARA SABER MÁS

Accede al siguiente enlace para saber más sobre la creación de cuentas de desarrollador:

https://redirectoronline.com/ifcm018po0617

14.2. Publicando la aplicación

Una vez que ya dispones de cuenta de desarrollador de *Google,* subir una aplicación es muy sencillo. Lógicamente, hay que entrar en la consola del desarrollador.

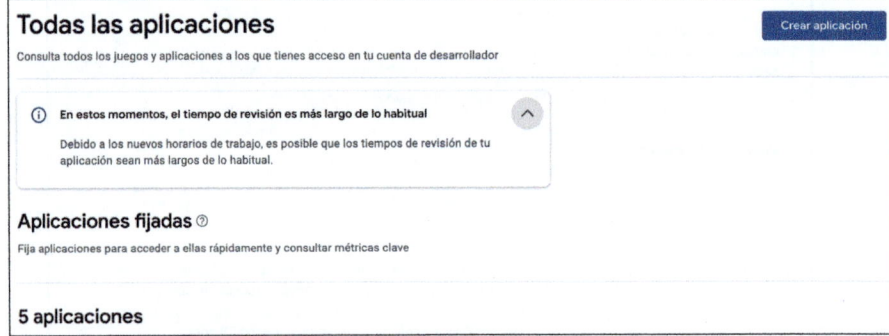

Encontrarás todas las aplicaciones publicadas con sus estadísticas y un botón para crear una aplicación que nos permitirá subir una nueva app a la tienda.

El proceso de subir la aplicación consiste básicamente en completar un formulario y subir el archivo de la aplicación generado por la firma.

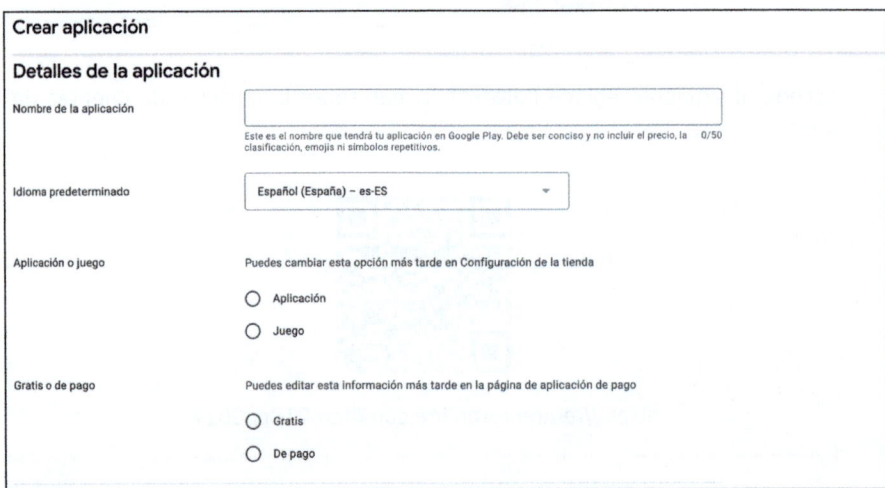

En el formulario deberemos indicar si la nueva aplicación es gratuita o de pago.

15. Actualizaciones

 **HILO CONDUCTOR**

El proceso de actualización, además de añadir o reemplazar utilidades, va a suponer volver a firmar y subir la aplicación.

Los usuarios cada vez demandan más características y utilidades de las aplicaciones. Por ello, es importante que la modifiquemos cada cierto tiempo para cumplir con sus expectativas y no perder posiciones en el *ranking* de *Google Play.*

BarraLibre ha incorporado a la aplicación unas nuevas utilidades y desea configurar la aplicación como la 2.0. Para ello, se deberán hacer algunos ajustes.

Cuando hayas hecho alguna modificación en tu aplicación, deberás indicarlo en el archivo *Build.gradle,* para que, al subir de nuevo la aplicación a *Google Play,* sea reconocida esa nueva versión y lo notifique a todos los usuarios que tengan tu aplicación instalada.

```
defaultConfig {
    applicationId "com.e.barralibremaps"
    minSdkVersion 28
    targetSdkVersion 30
    versionCode 1
    versionName "1.0"
```

Deberás indicar tanto el código de la versión nueva como el nombre que quieras dar a dicha versión.

Además, si esa aplicación dispone de base de datos, hay que modificar el *SQLManager.*

```
class SQLManager(context: Context):SQLiteOpenHelper(context, name: "barralibre.db", factory: null, version: 1) {
    override fun onCreate(db: SQLiteDatabase?) {
        db!!.execSQL( sql: "create table local (id INTEGER PRIMARY KEY AUTOINCREMENT, latitud FLOAT, longitud FLOAT)")
        var contentValues = ContentValues()
        contentValues.put("latitud",41.63272645810618)
        contentValues.put("longitud",-4.739737444690091)
        db.insert( table: "local", nullColumnHack: null, contentValues)
    }

    override fun onUpgrade(db: SQLiteDatabase?, oldVersion: Int, newVersion: Int) {
        if (oldVersion < newVersion){

        }
    }
}
```

Deberás salvaguardar los datos de los usuarios al cambiar de versión.

RECUERDA

Una vez realizados los cambios, hay que volver a firmar la app y subirla de nuevo.

---

16. Resumen

El archivo "Manifest" permite configurar la aplicación; es importante para definir los permisos que esta necesita y que deberá configurar el usuario.

Entre los permisos que más va a necesitar una aplicación, podemos destacar:

El permiso de acceso a internet:

```
<uses-permission android:name="android.permission.
INTERNET"/>
```

El permiso de geolocalización del usuario:

```
<uses-permission
android:name="android.permission.ACCESS_FINE_
LOCATION"/>
```

El permiso de uso de la cámara del usuario:

```
<uses-permission android:name="android.permission.
CAMERA"/>
```

Además, en este archivo estará configurada la actividad de lanzamiento, es decir, la actividad que cargará en primer lugar al iniciarse la aplicación.

La etiqueta que indica cuál es la actividad de lanzamiento dentro del *AndroidManifest* es:

```
<category android:name="android.intent.category.
LAUNCHER"/>
```

En algunas ocasiones, nos veremos obligados a hacer uso de librerías externas que nos permiten realizar operaciones de una forma más cómoda o que expansionen las propias operaciones de *Android,* como por ejemplo la librería *Glide.*

Glide es una librería para el manejo de imágenes dentro de la aplicación. Para hacer uso de ella, deberemos implementar dicha librería en el archivo *build.gradle.*

Desde su web oficial nos indican que, dentro del archivo *build.gradle,* deberemos incluir la siguiente línea de dependencias:

implementation "com.github.bumptech.glide:glide:4.11.0"

A continuación se sincroniza el proyecto con el fin de que la librería se descargue.

Para la implantación de mapas de *Google Maps* en nuestra aplicación, es necesario que dispongamos de una API *KEY* de *Google.* Para ello, hay que de solicitarlo desde la web oficial.

Con las credenciales ya proporcionadas, copiaremos y pegaremos la API en el archivo *google_maps_api.xml.*

Podemos incluir más de una aplicación en un mismo proyecto de *Google Maps.*

Para poder subir una aplicación es necesario, además de firmarla desde la opción de *Android Studio* **Generate Signed,** disponer de una cuenta de desarrollador.

Ejercicios de autoevaluación
Unidad de Aprendizaje 6

1. **¿Cómo se llama el archivo donde se configuran los permisos de la aplicación?**

    a. *Glide*
    b. *Build.gradle*
    c. *AndroiddManifest*
    d. Todas las opciones son incorrectas.

2. **Para mostrar una galería de imágenes, podremos utilizar como contenedor:**

    a. *GridView*
    b. *TextView*
    c. *Spinner*
    d. *EditText*

3. **¿Qué es *Glide*?**

    a. Una librería para la gestión de bases de datos.
    b. Una librería para la gestión de imágenes.
    c. Una librería para la gestión de textos.
    d. Todas las opciones son incorrectas.

4. **Actualmente el IDE oficial es:**

    a. *Android Studio*
    b. *Eclipse*
    c. *Visual Studio*
    d. *Tools*

5. **¿Qué es AVD?**

    a. Un gestor de dispositivos móviles.
    b. Un administrador de dispositivos virtuales.
    c. Un sistema de compilación de aplicaciones.
    d. Todas las opciones son incorrectas.

6. Para eliminar los datos de un emulador, usaremos la opción:

    a. *Wipe Data*
    b. *Delete*
    c. *Stop*
    d. *View Details*

7. ¿Qué permite el componente *CheckBox*?

    a. Al usuario, seleccionar entre un conjunto de opciones.
    b. Seleccionar activar o desactivar una opción.
    c. No es un componente de *Android.*
    d. Todas las opciones son incorrectas.

8. *Navigation Drawer Activity* permite...

    a. ... crear un menú de navegación.
    b. ... crear un *fragment.*
    c. ... crear una plantilla nueva de *Android Studio.*
    d. ... crear una actividad con recursos de acceso a internet.

9. Para poder avanzar o retroceder a través de los registros de una base de datos de *Android,* se necesita:

    a. *moveToNext*
    b. *moveTo Previous*
    c. *move*
    d. cursor

10. ¿Qué se debe solicitar para poder usar un mapa de *Google Maps*?

    a. Permiso a *Google.*
    b. Una API *KEY.*
    c. No hace falta solicitar nada, tan solo deberemos agregar una actividad de *Google Maps.*
    d. Todas las opciones son incorrectas.

Glosario

Adapter

Objeto que permite comunicar un componente de tipo *Container* como un *ListView* con una fuente de datos como un *Array*.

Android Studio

Es el IDE oficial de *Google* para el desarrollo de aplicaciones *Android* que sustituyó a *Eclipse* en el año 2013 como el SDK para desarrolladores.

API *KEY*

Clave o credencial que necesitan algunos servicios como *Google Maps* para que las aplicaciones puedan proporcionar al usuario estos servicios.

ArraList

Es un tipo de lista de *Android* que permite alojar datos temporalmente en la memoria del dispositivo. Estos datos permanecerán en dicha memoria el tiempo en que la aplicación siga residiendo en la RAM del teléfono y no sea destruida.

AVD

Son las siglas en inglés de administrador de dispositivos virtuales. Esta opción de *Android Studio* permite la configuración y mantenimiento de emuladores de cualquier tipo de dispositivo, teléfonos, tabletas, *Smart TV*, etc.

Chrome OS

Sistema operativo desarrollado por *Google* y que ya se implementa en algunos ordenadores en sustitución, por ejemplo, del sistema *Windows*.

Constraint

Tipo de diseño de *layout* más avanzado e incluido en las últimas versiones de *Android Studio* en sustitución del *RelativeLayout*.

Cuenta de desarrollador

Imprescindible para publicar aplicaciones en la tienda oficial de *Google*. A diferencia de su competidor *iOS,* el alta en la cuenta de desarrollador de *Android* tiene un pago único.

Empty Activity

Es la plantilla de actividad más básica para el desarrollo de aplicaciones con *Android Studio.* Esta actividad presenta un archivo XML denominado *layout,* asociado a un archivo de clase *Kotlin* o *Java,* dependiendo del lenguaje seleccionado para el desarrollo de la aplicación.

Glide

Es una librería externa y muy utilizada para la gestión de imágenes en las aplicaciones *Android* que hace mucho más fácil su implementación. Existen otras librerías similares, como puede ser *Picasso.*

Google Maps

Servicio de mapas de *Google* que puede ser integrado en las aplicaciones para *Android,* previa solicitud de las credenciales para su uso.

Google Play

Tienda oficial de *Google* donde podremos poner nuestras aplicaciones a disposición del público en general. Para poder subir aplicaciones a *Google Play* será necesario que la aplicación se haya firmado y, además, se disponga de una cuenta de desarrollador de *Google.*

GridView

Componente de *Android Studio* de tipo contenedor que sirve para presentar imágenes a modo de galería. Para poder implementar este objeto, será necesario crear un adaptador que permita comunicar al *GridView* con las imágenes.

Intent

Permite la activación de una nueva actividad o, lo que es lo mismo, la navegabilidad del usuario. Mediante un *intent* se podrá pasar información de una actividad a otra.

Kotlin

Nuevo lenguaje de programación oficial para el desarrollo de aplicaciones *Android* que ha sustituido a Java, principalmente por desavenencias entre *Google,* propietario de *Android,* y *Oracle,* propietario de *Java.*

Layout

Es el archivo que permite la configuración de la interfaz de usuario; está escrito en lenguaje XML.

LinearLayout
Antiguo componente de diseño de *layout* pero que actualmente se sigue utilizando para diseños sencillos.

ListView
Componente de tipo contenedor que sirve para mostrar datos al usuario en modo de lista. Es imprescindible el uso de adaptador para la carga de datos.

Mínimo SDK
Es la mínima versión exigida para poder hacer uso de una aplicación. Esta mínima versión se configura en el archivo *Build.gradle.*

Mobile Phone
Antiguo sistema operativo para móviles de *Microsoft* que fracasó, entre otras circunstancias, por haber entrado tarde al mercado en el que ya estaban otros sistemas como *Android* e *iOS.*

Notificación
Mensaje que pueden recibir los usuarios de una aplicación móvil.

Spinner
Componente contenedor que permite crear listas desplegables.

SQLiteOpenHelper
Objeto que facilita la comunicación de una aplicación con bases de datos.

Volley
Librería externa que permite el desarrollo de aplicaciones que puedan acceder a servicios web mediante *JQuery* y *Ajax.*

Bibliografía

Monografías

→ CHO, J.: *Desarrollo de juegos para Android*. Madrid: Anaya, 2018.

> Manual de iniciación en la creación de juegos para dispositivos móviles con sistema *Android*.

→ GALLEGO Sánchez, A. J. y LOZANO Ortega, M. A.: *Curso de programación Android con Kotlin*. Madrid: Anaya, 2021.

> Manual imprescindible para profundizar en la programación *Kotlin* para el desarrollo de aplicaciones móviles.

→ LLORET Mauri, J. y TOMÁS Gironés, J.: *El gran libro de Android*. Madrid: Marcombo, 2022.

> En este libro encontraremos de forma revisada todas las técnicas de programación *Android* con teoría y ejercicios sobre aplicaciones reales. La claridad de exposición del autor así como los ejercicios propuestos son de gran ayuda para comprender esta tecnología.

Textos electrónicos, bases de datos y programas informáticos

→ Curso de *Kotlin,* de: <https://cursokotlin.com/>.

> Curso de iniciación al lenguaje de programación oficial para el desarrollo de aplicaciones *Android*.

→ Página oficial de *Android Studio,* de: <https://developer.android.com>.

> Página de descarga y manuales del IDE de *Google* para el desarrollo de aplicaciones *Android*.

→ Web oficial del programador de *Android*, de: <https://developer.android.com/>.

> En esta web encontraremos toda la documentación que *Google* publica sobre el código de desarrollo de aplicaciones *Android*.